Die Magie der Kundenzufriedenheit

Ihr persönlicher Ratgeber für eine intensive, langanhaltende Kundenbindung in der After-Sales Kundenbetreuung

Philipp Hurst

ISBN: 9781088700716

Inhaltsverzeichnis

Vorwort

Begeistern Sie Kunden mit herausragendem Kundenservice!

Mein Name ist Philipp Hurst, nach einigen Jahren Berufserfahrung als Ingenieur in den Bereichen technischer Service, Reklamationsabwicklung und Kundenbetreuung habe ich mich dazu entschlossen, mein Wissen in diesem Skript festzuhalten.
„Die Magie der Kundenzufriedenheit" behandelt das Thema Kundenservice im After-Sales und beschreibt dabei ausführlich Methoden und Techniken zur Erzeugung von einwandfreier Kundenzufriedenheit. Hintergrundinformationen wie Begriffserklärungen und Definitionen ergänzen die Kapitel, persönliche Erfahrungsberichte zum Anwenden der aufgezeigten Methoden runden die Publikation ab.

Vorneweg ist zur Vollständigkeit anzumerken, dass es sich hierbei nicht um ein Buch/eBook im klassischen Sinne handelt. Die Ausarbeitung wurde im Stil eines Nachschlagewerkes verfasst. Dabei wurde Wert daraufgelegt, die Inhalte simpel und klar zu strukturieren. Details und Interna der Unternehmen für die ich gearbeitet habe sind selbstverständlich nicht enthalten. Alle enthaltenen Informationen beruhen auf selbstständig angelernten Methoden die mit der Zeit zur Serienreife in Form dieses Buches zusammengefasst wurden.
Das Buch ist in drei große Sparten aufgeteilt. Beginnend in den Kapiteln 1 und 2 mit allgemeinen

Informationen zu Kundenservice, Begriffserklärungen für die tägliche Servicearbeit, der Beschreibung verschiedener Kundentypen, den grundlegenden Anliegen im After-Sales von der Bearbeitung von Beschwerden und Reklamationen bis hin zur Messbarkeit von Kundenzufriedenheit. Anschließend folgen in Kapitel 3 Methoden für die Bearbeitung von Service- und Reklamationsfällen und dem damit einhergehenden Kundenumgang im After-Sales. An dritter Stelle folgen in Kapitel 4 die „10 Gebote für herausragende Kundenzufriedenheit", diese können als eine Art Handlungsanweisung für den optimalen Kundenumgang dienen.

An dieser Stelle bedanke ich mich bereits vorab für Ihr Vertrauen und wünsche Ihnen viel Spaß beim Lesen und Anwenden der erläuterten Inhalte.

1 Was ist Kundenservice?

Kundenservice oder Kundendienst, ist wie der Name sagt, der Service oder Dienst am Kunden. Kundenservice findet sich in allen Kaufphasen (Neukundenakquise, Kaufberatung, Kaufabschluss, After-Sales) wieder und ist dementsprechend in der Unternehmenswelt allumfassend von Bedeutung.

Dieses Buch handelt von der Bedeutung, die exzellenter Kundenservice für ein Unternehmen mit sich bringt. Im Grunde können alle hier enthaltenen Tipps und Ratschläge ebenso auf den Kundenservice während der Kundenakquise und der Kundenbetreuung in der Verkaufsphase bezogen und angewendet werden.

Hauptsächlich wird sich aber auf den Kundenservice im After-Sales Bereich fokussiert. Denn während Kundenservice in der (Neu-) Kundenakquise und der Verkaufsberatung in Unternehmen seit jeher etabliert ist, ist in der Nachverkaufsphase (After-Sales) oft noch Optimierungspotential vorhanden, was einen hervorragenden Kundenservice angeht. Dieses Buch soll alle diesbezüglichen Fragen und Themengebiete beantworten und Leitlinien zum einwandfreien Kundenservice im After-Sales praxisnah an die Hand geben. Dazu gehören beispielsweise Service-, Support-, oder Reklamationsanfragen und wie man mit diesen umgeht.

1.1 Wandel von Kundenservice im 21. Jahrhundert

Das Internet wurde ab 1990 kommerziell nutzbar gemacht. Während Unternehmen davor oft unbekannte, große Riesen waren, über die man nur in Zeitungen oder Nachrichten Informationen erhielt, sind Unternehmen seit der Entwicklung des Internets immer transparenter in die Wahrnehmung des Endkonsumenten gelangt. Mit wenigen Klicks können zu einem Produkt oder einer Dienstleistung Bewertungen, Kundenmeinungen, Testberichte, Preisvergleiche und weitere Informationen eingeholt werden.

Durch diese Transparenz und Vergleichbarkeit wird Qualität in der heutigen Zeit bedingungsloser vorausgesetzt als jemals zuvor. Marktmacht entscheidet sich mittlerweile stark durch Preiskampf, Liefertreue, Kundenempfehlungen und Kundenbewertungen.

Unternehmen müssen demnach immer mehr mit gutem Kundenservice überzeugen.

Des Weiteren sorgt ein freundlicher und hilfsbereiter Kundenumgang dafür, Neukunden zu treuen Dauerkunden zu machen. Außerdem lassen sich dadurch höhere Preise rechtfertigen – ein Kunde, der sich wohlfühlt und zufrieden ist (weil er einen guten Service erfährt) bleibt oft ein treuer Kunde, trotz eventuell höherer Preise.

Zu gutem Kundenservice gehören einige wesentliche Begrifflichkeiten, die im Folgenden erklärt werden, um Kundenservice im After-Sales besser verstehen zu können.

1.2 Bedeutung von Kundenservice und Kundenzufriedenheit

Kundenverluste entstehen aus schlechten Erfahrungen die Kunden im Umgang mit einem Unternehmen, ferner dessen Produkten und/oder Dienstleistungen, gemacht haben, z.B. durch Qualitätsmängel, Lieferengpässen, Preisdruck und unfreundlichem oder desinteressiertem Kundenumgang.

Um diesen Umständen gezielt vorzubeugen, ist gute Kundenbetreuung in jeder Phase des Verkaufsprozesses essentiell.

Im After-Sales muss ein hochwertiger Kundenservice als Chance gesehen werden, genau diese schlechte Erfahrung des Kunden durch guten Service wiederherzustellen und die Kundenzufriedenheit bestmöglich sogar zu steigern.

Sobald ein Produkt verkauft wurde, ist ein angemessener Umgang mit Kunden in allen After-Sales Angelegenheiten, beispielsweise Support-Rückfragen, Retoure, Umtausch, Umbauten, Serviceintervallen, Reklamationen und Beschwerden unumgänglich.

Doch was ist Kundenzufriedenheit überhaupt und welche Rolle spielt ein guter Kundenservice dabei?

<u>Definition Kundenservice:</u>

„Dienste eines Herstellers oder Händlers, die er seinen Abnehmern vor dem Kauf (Pre-Sales-Service), kaufbegleitend (episodenbegleitende Dienstleistungen) oder nach dem Kauf (After-Sales-

Service) erbringt. Sein Zweck ist die Gewinnung von Dauerkunden.“ [1]
Der Kundenservice kann in vier Formen von Kundendiensten eingeteilt werden:

- nicht warengebundener Kundendienst, z.B. Vermittlung von Ansprechpartnern
- warengebundener Kundendienst, z.B. Schulungen zum Gebrauch des Produkts
- technischer Kundendienst, z.B. Installation, Montage
- kaufmännischer Kundendienst, z.B. kaufmännische Beratung, Umtausch

<u>Definition Kundenzufriedenheit:</u>
„Nachkaufphänomen, bei dem der Kunde erworbene Produkte oder Dienstleistungen anhand seiner gewonnenen Nutzungserfahrungen beurteilt.“ [2]
Demgemäß haben Kunden vor dem Kaufabschluss eine subjektive Erwartung an ein Produkt oder eine Dienstleistung. Je größer nach dem Kauf die Übereinstimmung des tatsächlichen eingetretenen Kauferlebnisses mit der vorherigen Erwartung ist, desto größer wird die Kundenzufriedenheit.
Wird die Kundenerwartung getrübt oder nicht erfüllt, resultiert das zwangsläufig in Unzufriedenheit.
Kunden können ihre Unzufriedenheit dann auf drei Arten zeigen:

- Sie teilen anderen Personen die Unzufriedenheit mit (negative Mund-zu-Mund-Propaganda)
- Die Negativerfahrung wird an den Verkäufer übermittelt (Beschwerde, Reklamation, Retoure)
- Stillschweigender Wechsel zur Konkurrenz (Unvoiced Complainers)

Kundenzufriedenheit stellt sich vollumfänglich erst nach Erhalt der gekauften Ware oder Dienstleistung ein. Kunden bewerten mit ihrer Zufriedenheit, inwieweit eine erworbene Sach- oder Dienstleistung ihren vorangegangenen Erwartungen entspricht.

Das Zustandekommen von Kundenzufriedenheit und auch Unzufriedenheit kann durch das Confirmation/Disconfirmation-Paradigma (C/D-Paradigma) beschrieben werden. Demnach sind Kunden dann zufrieden, wenn ihre Erwartungen an ein Produkt oder eine Dienstleistung erfüllt oder übertroffen werden (Confirmation). Unerfüllte Erwartungen des Kunden resultieren in Unzufriedenheit seitens des Kunden (Disconfirmation). [3]
Kunden, die etwas reklamieren, sind nach dieser Darstellung also unzufriedene Kunden, da ihre Erwartungen an ein einwandfrei funktionierendes Produkt nicht vollständig erfüllt wurden.

Neben dem C/D-Paradigma eignet sich auch das Kano-Modell zur Beschreibung der Kundenzufriedenheit, dargestellt in Abbildung 1.
Das Kano-Modell beschreibt Kundenzufriedenheit in Abhängigkeit von den Qualitätseigenschaften eines Produktes oder einer Dienstleistung.
Analog zum C/D-Paradigma sagt auch das Kano-Modell, dass Kundenzufriedenheit durch die Erfüllung der Erwartungen, die ein Kunde an ein Produkt oder eine Dienstleistung hat, erreicht wird.

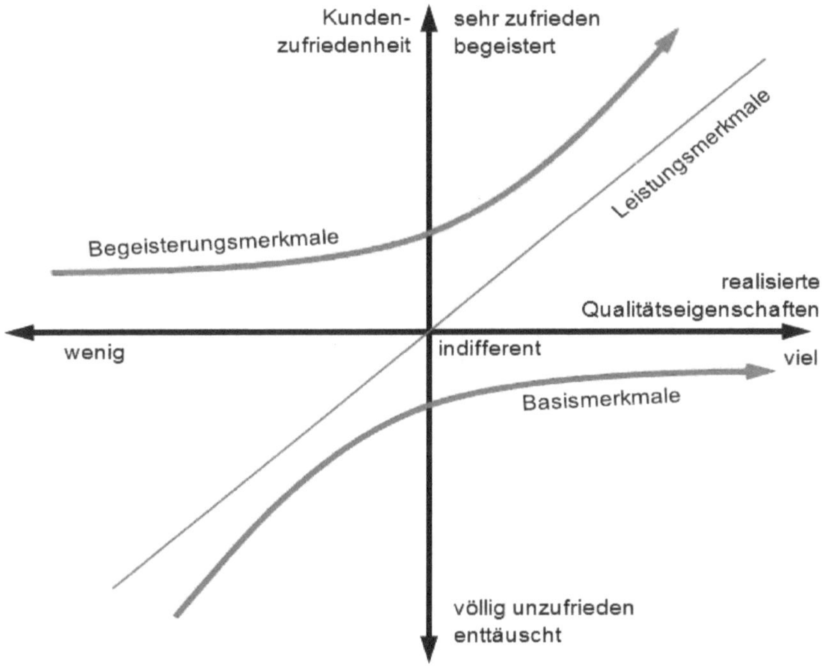

Abbildung 1: Kundenzufriedenheit im Kano-Modell [4]

Allerdings differenziert das Kano-Modell die Erfüllung der Kundenerwartungen in Basismerkmale und Begeisterungsmerkmale. Werden lediglich die Basismerkmale, die ein Kunde an ein Produkt oder eine Dienstleistung hat erfüllt, ist der Kunde zwar zufrieden, allerdings nicht begeistert. Demnach kann die Kundenzufriedenheit erst durch Begeisterungsfeatures deutlich gesteigert werden.
Am Beispiel eines T-Shirts wären Basismerkmale die passende Größe und die gewünschte Farbe. Begeisterungsfeatures wären dabei beispielsweise eine sehr kurze Lieferzeit, guter Kundenservice,

erhabener Tragekomfort oder weitere besondere Aufmerksamkeiten, mit denen sich das eigene Unternehmen der Konkurrenz überlegen macht.

Betrachtet man das C/D-Paradigma und das Kano-Modell wird ersichtlich, dass Kundenzufriedenheit unterschiedliche Ursachen haben kann.
Zum einen entsteht Kundenzufriedenheit dann, wenn die Erwartungen, die der Kunde an ein Produkt oder eine Dienstleistung hat, erfüllt werden.
Zum anderen kann die Kundenzufriedenheit durch Begeisterungsfeatures am Produkt oder der Dienstleistung erhöht werden, indem seine Erwartungen übertroffen werden.
Werden die Basismerkmale nicht erfüllt, kann die Kundenzufriedenheit nachträglich doch noch erreicht werden, indem der Kunde nach der Wiederherstellung der Basismerkmale durch Begeisterungsfeatures überzeugt wird, z.B. durch hilfreichen Kundenservice, schnelle Sachbearbeitung und Kulanz bei Reklamationen.

1.2.1 Wie wertvoll ein guter Ruf für ein Unternehmen ist

Der gute Ruf eines Unternehmens hat enormen Stellenwert. Er impliziert hervorragende Qualität und exzellente Kundenzufriedenheit.

Fragen Sie sich selbst: Wo kaufen Sie als Kunde privat selbst am liebsten ein, wenn Sie zwischen zwei identischen Produkten wählen können?

Produkt Nummer eins das mit fast 5 Sternen im Internet beworben wird, Testsieger ist und Sie aus Ihrem Umfeld bereits hörten, dass es sich um ein Topprodukt handelt oder Produkt zwei das etwas günstiger ist, Sie aber keine Referenz zu Kundenbewertungen und Meinungen aus Ihrem Umfeld erhalten haben.

Vermutlich greifen Sie unterbewusst eher zu Produkt Nummer eins, weil hier die guten Bewertungen und Empfehlungen eher als Referenz gilt.

Noch drastischer wird es beispielsweise bei Unternehmen, deren Marke bereits so etabliert im Markt ist, dass sie zu den generischen Marken gehört.

Das sind Markennamen, die so stark etabliert sind, dass mit ihnen eine ganze übergeordnet Produktgruppe in Verbindung gebracht wird. Beispiele dafür sind Tempo, UHU oder Edding.

Für Taschentücher sagt man, auch wenn sie nicht von der Marke Tempo sind, Tempo.

Für Flüssigklebstoffe UHU und für Filzstifte Edding.

Diese Marken haben sich in einer Produktgruppe einen derartig guten Ruf erarbeitet, dass sie als

Referenztitel für die übergeordnete Produktgruppe gelten.
Wenn Sie einen Edding oder UHU benutzen, denken Sie unterbewusst gar nicht daran, dass diese Produkte Mängel aufweisen könnten. Ihre Funktionalität wird vorausgesetzt.
Diese Unternehmen sind ein Paradebeispiel für guten Ruf. Er sorgt dafür, dass das Unternehmen Ansehen und Vertrauen erntet. Dementsprechend sollte jedem Kundenanliegen, vor allem Reklamationen und Beschwerden hohe Bedeutung zugeordnet werden, um die Qualität sowie den guten Unternehmensruf konstant aufrecht zu erhalten.

1.2.2 Gewinnmaximierung: Dauerkunden und Neukunden

Kunden unterscheiden sich in zwei Arten:

- Neukunden, die zum ersten Mal einen Kaufabschluss tätigen
- Dauer-/Bestandskunden die bereits mehrfach eingekauft haben

Um den Marktanteil eines Unternehmens zu erhöhen, ist es essenziell neue Kunden zu gewinnen. Allerdings ist die Neukundengewinnung mit hohem Investitionsaufwand verbunden. Zur Neukundenakquise fallen in der Regel Kosten für Werbung, Marketing, Rabattaktionen, Vertriebskosten und Managementkosten an.
Günstiger als Neukunden zu akquirieren ist es, Dauerkunden zu umsorgen.
Ein Großteil der genannten Kostenarten kann eingespart werden, wenn ein akquirierter Kunde zum

Dauerkunden wird und somit von sich aus immer wieder bei dem Unternehmen einkauft.
Dauerkunden haben gegenüber Neukunden einige Vorteile, zum Beispiel benötigen sie deutlich weniger Vertriebs- / und Marketingaufwand, da die Neukundenakquise, die meist mit hohen Anwerbekosten verbunden ist, bereits erfolgreich erfolgt ist.
Überzeugte Dauerkunden kaufen immer wieder, was einem Unternehmen stetige Einnahmen einbringt. Abosysteme wie beispielsweise Netflix, Spotify oder Fitnessstudio Mitgliedschaften binden Kunden noch weiter und sind damit Paradebeispiele für das Pflegen von Bestandskunden.
Hohe Zufriedenheit seitens des Kunden entsteht durch Erfüllung der Erwartung an das Produkt / die Dienstleistung. Nur wenn ein Kunde ausreichend zufrieden mit der erworbenen Ware ist, also wenn seine vorangegangenen Erwartungen nach dem Kauf erfüllt wurden, wird er zu einem potenziellen Dauerkunden.
Dies geschieht dann, wenn ein Unternehmen mit hervorragender Qualität, schnellen Lieferzeiten, guten Preisen und exzellenter Kundenbetreuung überzeugen kann.

2 Kundenservice in der Nachverkaufsphase, After-Sales

Kundenservice After-Sales Anliegen sind alle Tätigkeiten, die in der Nachverkaufsphase eines Produktes oder einer Dienstleistung stattfinden. Dazu gehören beispielsweise Retoure, Supportanfragen, Beschwerden, Reklamationen oder bei technischen Produkten auch Umbauten und Reparaturen.

2.1 Grundlegende Begrifflichkeiten im Kundenservice

Aufgabenfelder im Kundenservice gliedern sich in drei Hauptgruppen: Supportanfragen, Servicetätigkeiten (z.B. Reparaturen, Wartung, Montage) und Beschwerde-/Reklamationsanliegen. Vor allem bei Reklamationen möchten Kunden Gewährleistungsansprüche geltend machen. Demzufolge ist es wichtig, sich vorab mit den Grundzügen von Reklamationen, Beschwerden, Gewährleistung, Garantie, Produkthaftung und weiteren Begrifflichkeiten auseinanderzusetzen.

2.1.1 Garantie

„Ein zwischen Käufer und einem Garantiegeber (Hersteller und/oder Verkäufer) abgeschlossener Vertrag bzw. vom Garantiegeber freiwillig gegebene Zusage, womit dem Käufer eine unbedingte Schadensersatzleistung zugesichert wird.“ [5]

Garantie bedeutet, dass der Hersteller freiwillig die Funktionsfähigkeit seiner Produkte zusichert und sich verpflichtet, Schäden, die innerhalb des gegebenen Garantiezeitraums auftreten, zu beheben und/oder zu ersetzen.

2.1.2 Gewährleistung

„Eine zeitlich befristete Nachbesserungsverpflichtung ausschließlich für Mängel, die zum Zeitpunkt des Verkaufs bereits bestanden." [5]

Gewährleistungsansprüche sind gesetzliche Regelungen, die Hersteller und Verkäufer verpflichten, Waren zum Auslieferungszeitpunkt frei von Mängeln zu verkaufen. Treten innerhalb des gegebenen Gewährleistungszeitraumes (i.d.R. 12 bis 24 Monate) nach Kaufabschluss Produktmängel auf, deren Entstehungsursache nachweislich auf den Hersteller zurückfallen, verpflichtet sich der Hersteller durch die Gewährleistung, diese kostenlos nachzubessern. Das Gesetz räumt dabei Herstellern ein Recht auf Nachbesserung ein. Das heißt, der Verkäufer erhält ein Ersatzprodukt. Weitere, möglicherweise im Zusammenhang stehende Kosten, muss der Hersteller nicht bezahlen.

2.1.3 Produkthaftung

Die Produkthaftung wird in Deutschland im Produkthaftungsgesetz geregelt und bezeichnet die Haftung auf Schadensersatz gegen den Hersteller eines Produktes für Schäden, die beim Endabnehmer infolge eines mangelhaften Produktes entstanden sind, (innerhalb der EU, EG-Richtlinie 85/374 EG).

Durch das Gesetz werden vor allem entstandene Personenschäden abgedeckt, für die der Hersteller haften muss, wenn sein Produkt infolge von Produktmängeln Personenschäden verursacht hat.

Abgrenzung:

Gewährleistung und Produkthaftung sind rechtlich festgelegt und müssen von Herstellern und Verkäufern erfüllt werden. Diese müssen gewährleisten, dass Produkte frei von Mängeln ausgeliefert werden (Ausnahme Gebrauchtwaren). Garantie kann von Herstellern und Verkäufern hingegen freiwillig gegeben werden. Sie ist in Deutschland rechtlich nicht zwingend erforderlich, signalisiert aber zusätzliches Vertrauen in die einwandfreie Funktion des Produktes.

2.1.4 Beschwerde

„Beschwerden sind [...] Artikulationen von Unzufriedenheit, die gegenüber dem Unternehmen bzw. dritten Institutionen [...] geäußert werden“. ([6] Seite 106)

Kunden teilen in Beschwerden das ihnen widerfahrene, subjektive, negative Empfinden im Umgang mit einem Produkt oder einer Dienstleistung mit.

Dabei besteht beim Kunden in der Regel die Erwartungshaltung, eine Wiedergutmachung für die Negativerfahrung vom Verkäufer zu erhalten.

Da nur ein Bruchteil der Kunden, die ein Problem haben, es auch in einer Beschwerde dem Verkäufer mitteilen, sollten auch verkäuferseitig hohe Ansprüche im Umgang mit Beschwerden bestehen. Ein guter Ruf und treue, zufriedene Bestandskunden sind es wert.

2.1.5 Reklamation

„Reklamationen sind nur diejenige Teilmenge von Beschwerden, bei denen Kunden in der Nachkaufphase Beanstandungen explizit oder implizit mit einer Forderung verbinden, die juristisch auf Basis von Gewährleistungsrechten (gesetzlich) oder Garantiepflichten (vertraglich) durchsetzbar ist." ([6] Seite 107)

Abgrenzung:

Beschwerde und Reklamation können synonym verwendet werden, allerdings ist anzumerken, dass Reklamationen nach den vorangegangenen Definitionen nur einen Teil des Begriffs der Beschwerde betreffen. Während berechtigte Reklamationen laut Definition juristisch durchsetzbar sind, berufen sich Beschwerden nicht auf eine rechtliche Grundlage und können demnach nicht juristisch geltend gemacht werden.

Beschwerden resultieren oft aus emotionalen Beweggründen des Kunden, verursacht durch subjektive Unzufriedenheit. Hierbei kann es sich auch um eine unberechtigte Reklamation handeln, wenn der Kunde einen Fehler angibt, der allerdings nicht nachweislich zutrifft.

Berechtigte Reklamationen sind nachweisebare Mängel, z.B. Fehlfunktionen, Falschlieferungen, etc. weshalb auf sie großes Augenmerk gelegt werden sollte. Um stets top Qualität liefern zu können und durch Optimierungen langfristig mehr Geld zu verdienen, sollte die Reklamationsursache gefunden, gelöst und Abstellmaßnahmen definiert werden.

2.2 Erweiterte Begrifflichkeiten (After-Sales)

2.2.1 Retoure

Retouranfragen betreffen vor allem Produkte und beinhalten alle Rückgabe und Umtauschanfragen. Wenn beispielsweise ein Kunde die falsche Größe eines Produktes bestellt hat, ein Produkt mit der falschen Farbe geordert hat oder das Produkt nicht seinen Wünschen und Kauferwartungen entspricht, schickt er es zurück.

Je nach Produktkategorie, Kaufort und damit zusammenhängender gesetzlicher Regelungen gelten für unterschiedliche Produkte entsprechend unterschiedliche Regelungen.

Konsumartikel wie Kleidung oder Schuhe können relativ einfach, auch im geöffneten Zustand, zurückgegeben und umgetauscht werden.

Softwareprodukte (CDs, E-Books, Spiele, etc.) können in der Regel nicht umgetauscht oder zurückgegeben werden, wenn sie bereits geöffnet und installiert wurden.

Neuprodukte die im Internet gekauft werden, haben in der Regel ein 14-tägiges Rückgaberecht. Gebrauchtwaren haben unterschiedliche Regelungen.

Genauso sollte darauf geachtet werden, ob Shops Garantie oder nur Gewährleistung anbieten. Während Garantieleistungen oftmals kostenlos Umtausch und Rücksendung anbieten, beziehen Gewährleistungen nur die Funktionsfähigkeit eines Produktes während des Gewährleistungszeitraums mit ein, nicht jedoch etwaige Rückgaben und Umtauschaktionen.

Das Thema Retour ist für viele Produkte sehr unterschiedlich. Entsprechend sollte man zum einen wissen, wenn man sich in der Verkäuferrolle befindet, welche gesetzlichen Regelungen für das eigene Produkt gelten und zum anderen sollte man auf diese Umstände achten, wenn man sich umgekehrt in der Käuferrolle befindet.

2.2.2 Supportanfragen

Im Kundenservice kommt es sehr häufig zu kundenseitigen Rückfragen, seien es einfache Informationsanfragen, Angebotserstellung, technische Daten oder weitere, Rückfragen jeder Art.

2.2.3 Schuld und Abweichung

Vor allem in der Reklamationsbearbeitung stellt sich häufig die Frage, wer ist schuld?
Hat der Hersteller ein fehlerhaftes Produkt auf den Markt gebracht oder hat der Kunde das Produkt falsch verwendet?
Die Schuldfrage zu klären bedarf je nach Produktkategorie oft aufwändigen Schadensanalysen und –Gutachten.
Im Kundenservice sollte der Begriff „Schuld“, genauso wie Fingerpointing bestmöglich vermieden werden. Bei sehr heiklen Schadensfällen sind interne Experten und externe Gutachter hinzuziehen. Des Weiteren sollte die Geschäftsführung informiert werden.
Unabhängig davon wer die Schuld schlussendlich trägt, sobald eine Abweichung an einem Produkt oder einer Dienstleistung feststellbar ist, sollte die

Qualitätssicherung intern ein Abweichungsprotokoll erstellen und auf Fehlerursachenfindung gehen.
Es gilt den Fehler zu finden und abzustellen. Dazu sollten konkrete Abstellmaßnahmen definiert werden, die in einem 4D und/oder 8D-Report festgehalten werden.
Oft möchten Kunden neben einem funktionierenden Ersatzprodukt auch einen Nachweis erhalten, dass der Produktmangel beseitigt wurde. Hierzu eignet sich der 8D-Report als offizielles Dokument im Qualitätswesen sehr gut.

2.2.4 Kulanz

Kulanzleistungen sind freiwillige Leistungen die der Vertreiber eines Produktes oder einer Dienstleistung einem Kunden gewährt, z.B. kostenfreie Zusatzleistungen, Rabatte, kostenfreie Ersatzprodukte, Bonusmaterial, etc.
Kulanzmaßnahmen sind dann von Vorteil, wenn ein aufgebrachter Kunde schnell besänftigt werden soll. Außerdem können sie als Wiedergutmachung für einen selbst verursachten Fehler dienen.

2.2.5 Speziell bei technischen Produkten, Umbau und Reparatur

Wünscht ein Kunde Abänderungen an einem Produkt, zum Beispiel eine andere Lackierung, fragt er einen Umbau an.
Möchte ein Kunde ein defektes Produkt repariert haben, fragt er eine Reparatur an.
Die Abwicklung der Umbau- und/oder Reparaturanfragen kann je nach Unternehmen

sowohl durch die Serviceabteilung als auch den Vertrieb erfolgen.
Wenn im Kundenservice Verkaufsanfragen durch Umbauten, Reparaturen, Untersuchungen oder ähnlichem zustande kommen, ist es sinnvoll einige Grundlagen von Verkaufsprozessen zu kennen.

2.3 Die Psychologie im Verkaufs- und im Serviceprozess

Auch wenn im Kundenservice, vor allem im After-Sales Bereich der direkte Verkaufsprozess bereits stattfand, kommt es doch häufiger vor, dass Angebote für Service- und Supportanfragen, oder im technischen Bereich, Umbauanfragen anfallen. Hierbei können ebenfalls Verkaufsprozesse entstehen.

In der Kundenbetreuung zur Erhaltung von Bestandskunden ist es deshalb ebenfalls wichtig zu verstehen wie Menschen Kaufentscheidungen, oft unterbewusst, treffen.

Um zu verstehen, aus welchen Gründen Menschen einen Kaufprozess tätigen und wie Kundenservice damit zusammenhängt, ist es wichtig, sich bewusst zu machen wie Menschen mental beeinflusst werden.

Die beiden Hauptgefühle, die Menschen laut dem Buchautor und Persönlichkeitscoach Anthony Robbins antreiben, Taten zu tun oder auch nicht zu tun, sind Schmerz und Freude. Schmerz kann lähmend und Freude berauschend wirken. ([7] Seite 53)

Damit ein Kunde sich wohl und gut beraten fühlt, muss er schon vor dem Kaufprozess in einem Zustand sein, der ihn dazu verleitet, das entsprechende Produkt oder die Dienstleistung zu kaufen.

Schauen wir uns zwei Beispiele an, zum einen im geschäftlichen und zum anderen im privaten Bereich, die diesen Zustand aufzeigen.

Im privaten Bereich passiert es häufiger, dass man ein Produkt erwirbt, mit dem Sie Ziel Freude zu assoziieren. Zum Beispiel ein schönes Auto, gutes Werkzeug, teure Schuhe, neueste Technik oder Markenkleidung. Sollte dies ganz oder teilweise zutreffen, dann sicherlich nicht nur, weil das jeweilige Produkt viel besser als vergleichsweise günstigere Mitbewerberprodukte ist, sondern auch, weil man mit dem Kauferlebnis des Produktes eine positive Erwartung und somit das Ziel Freude zu empfinden, verbindet.
Mit dem Kauf eines Audi, BMW oder Mercedes-Benz verknüpft man neben guter Technik, möglicherweise unterbewusst die Erwartung als erfolgreich angesehen zu werden.
Ebenso möchte man sich durch das Tragen von hochwertiger Markenkleidung wohler fühlen und vielleicht auch belohnen indem man nach Außen zeigt wie erfolgreich man ist. Egal was es ist, wenn man Geld für Konsumartikel ausgibt, dann in erster Linie um Freude zu erfahren.
Auf der anderen Seite geben Menschen auch entsprechende Summen an Geld aus, um Schmerz aus dem Weg zu gehen oder zu lindern.
So wird zu teuren Medikamenten oder Heilpraktiken gegriffen, um Schmerzen zu heilen oder vorzubeugen.
Im geschäftlichen Bereich trifft das Phänomen, Schmerz aus dem Weg zu gehen und Freude zu erfahren, möglicherweise auf einer rationaleren Ebene zu, dennoch es ist allgegenwärtig.

Beispielsweise wenn eine Automobilzuliefererfirma Stanzanlagen für Karosserieteile baut, für die sie Elektromotoren benötigt.
Plötzlich fällt ein Motor aufgrund einer Störung beim Autohersteller in der Karosseriefertigung einer Serienproduktion aus.
Das ganze Produktionsband muss gestoppt werden.
Der Werksleiter des Automobilherstellers prüft zunächst, ob ein passender Ersatzmotor im Ersatzteillager geführt ist und als es das nicht ist, ruft er daraufhin beim Stanzanlagenhersteller an.
Dieser beschafft den Motor umgehend, reklamiert allerdings beim Motorhersteller den frühzeitigen Ausfall.
Stellen Sie sich den Druck vor, dem die verschiedenen Parteien ausgesetzt sind.
Der Werksleiter der Karosserieproduktion hat plötzliche Angst, dass seine Autoteileproduktion stehen bleibt und er sich für den Ausfall vor dem Konzernvorstand rechtfertigen muss.
Der Stanzanlagenhersteller erhält den Druck vom Werksleiter des Automobilherstellers, der mit einer negativen Lieferantenbewertung und finanziellen Konsequenzen droht.
Der Motorenhersteller erhält eine Reklamation die im schlimmsten Fall größere Rückrufaktionen und ebenfalls wirtschaftliche Konsequenzen zur Folge haben könnte.
Alle involvierten Parteien der Lieferkette werden in diesem Beispiel mehr oder weniger stark von Angst, Stress und somit Formen von Schmerzgefühlen geplagt.

Sie werden allesamt versuchen, so schnell wie möglich eine Lösung zu finden um das Stress- und Schmerzgefühl los zu werden.

Dieses an die Realität angelehnte Beispiel soll verdeutlichen wie Schmerz und Freude in Entscheidungsprozesse bei Kauf- als auch Kundenserviceangelegenheiten mit einspielen.
Im Grunde will der Mensch Freude erfahren und Schmerz aus dem Weg gehen.
Gerade bei Reklamationen und Beschwerden wirkt beim Kunden primär Schmerz, da seine Erwartung an ein Produkt oder eine Dienstleistung nicht oder nur bedingt eintrat. Dementsprechend ist es hierbei essentiell, dass Sie als Kundenservicemitarbeiter sein negatives Gefühl lindern und wieder mit Freude füllen, indem Sie ihm freundlich und lösungsorientiert zur Seite stehen und ihn eventuell mit besonderer Kulanz oder Bonusüberraschungen begeistern können.
Dies setzt selbstverständlich voraus, dass eine Lösungsmöglichkeit vorhanden ist. Im Beispiel des Automobilherstellers heißt das konkret, dass ein Ersatzmotor lieferbar sein sollte und der Fehler für den Ausfall schnell und kompetent detektiert wird.
Falls keine Lösungsmöglichkeit vorhanden ist, z.B. falls der Motor falsch ausgelegt wurde und kein Ersatz vorhanden wäre, muss die Schuldfrage detaillierter geklärt werden. Hierbei muss sich zwangsläufig an Eskalationsstufen gehalten werden, die in der Folge von funktionierendem Risikomanagement installiert wurden. Das Thema Eskalationsstufen wird im späteren Verlauf aber

aufgegriffen, Risikomanagement übersteigt aber die Themen dieses Buches und wird nicht weiter behandelt.

2.3.1 Mentale Erregungsmöglichkeiten

Menschen lassen sich auf unterschiedliche Art und Weise mental beeinflussen.
Schmerz und Freude sind dabei die Quintessenz, sie lassen sich weiter im Detail betrachten. Im Folgenden sind sechs mentale Erregungsmöglichkeiten aufgelistet, die vor allem in Verkaufsprozessen wie Marketing, Vertrieb, Werbung, etc. angewendet werden. In der Kundenbetreuung ist es sinnvoll diese zu kennen, um die Beweggründe von Kunden für ihr vielfältiges Verhalten zu verstehen.

Erwartung

Erwartungen wecken in Menschen oft Vorfreude. Man stellt sich vor, wie ein Produkt, eine Dienstleistung, ein Ereignis, etc. wirken und was man dabei fühlen wird.
Kommen wir zum Beispiel Autokauf von eben zurück. Vor dem Kauf eines neuen Fahrzeugs hat der Käufer oftmals eine ganz genaue Vorstellung, wie sich das Auto in seinem Besitz später anfühlen wird, wie er es fährt, wie er dadurch von Fremden gesehen wird, uvm.
Trifft seine Erwartung beim Kaufprozess schlussendlich ein, ist er ein zufriedener Kunde. Entpuppt sich der Autokauf allerdings als weniger freudiges Erlebnis, da vom Verkäufer möglichweise Mängel vertuscht wurden oder das Auto das Ersparte auffrisst, so wird die Erwartung an das Kauferlebnis getrübt.
Im Verkaufsprozess ist es wichtig, den Kauf eines Produktes, oder einer Dienstleistung mit Emotionen

zu verbinden, die dazu bewegen, den Kaufabschluss durchzuführen.
Im After-Sales Kundenserviceprozess ist es hingegen entscheidend, die Kundenerwartungen an das Kauferlebnis, sofern diese nicht oder nur bedingt eingetreten sind, wiederherzustellen, indem der Kunde nachträglich zufrieden gestellt und begeistert wird.

Vertrauen

Vertrauen ist der Grundstein dafür, dass Menschen einen Kaufabschluss tätigen.
Nur wenn ein potenzieller Kunde der Qualität und den Funktionen eines Produktes oder den Fähigkeiten einer Person vertraut, wird er kaufen.
Genauso verhält es sich mit dem Verkäufer. Wenn dieser von potenziellen Kunden als vertrauenswürdig eingestuft wird, kann viel eher ein Kaufabschluss entstehen.
Im Kundenservice spielt Vertrauen eine entscheidende Rolle.
In Reklamations- oder Beschwerdefällen müssen Sie dem Kunden zeigen, dass er Ihnen vertrauen kann, trotz der möglicherweise nicht eingetroffenen Erwartungen an das Produkt oder die Dienstleistung.
Dazu ist es wichtig, den Kunden zu beruhigen, sich erklären zu können, reden zu lassen, die richtigen Gegenfragen zu stellen und auf freundliche und hilfsbereite Weise Lösungen zur Problemlösung anzubieten. Detaillierte Vorgehensweisen und Tipps hierzu folgen in den nachfolgenden Kapiteln.

Sympathie

Menschen, die uns in ihren Charakter- und Verhaltenszügen ähneln, empfinden wir schneller als sympathisch als Personen mit denen wir absolut keine Gemeinsamkeiten finden können.

Im Verkaufsprozess ist es wichtig, dass potenzielle Käufer eine emotionale Bindung, am besten in Form von Freude, zu einem Produkt oder einer Dienstleistung aufbauen, um den Kaufabschluss zu tätigen.

Im Kundenservice ist es wichtig, dass unzufriedene Kunden Gehör finden und ihr Problem verstanden wird. Dabei sollten Sie Konfliktsituationen im Kundenservice bei Beschwerden und Reklamationsfällen nie persönlich nehmen, sondern aufgebrachten Kunden stets freundlich und mit Sympathie begegnen.

Das funktioniert bereits mit kleinen Tipps und Tricks: Menschen hören beispielsweise gerne ihren eigenen Namen und fühlen sich gut, wenn sie gelobt werden.

Autorität und soziale Akzeptanz

Stellen Sie sich selbst die Frage: Wann trauen Sie einer Person, die Ihnen einen Zahn ziehen soll, die Sie nicht kennen, eher – wenn diese Person beliebig von der Straße ausgewählt wird oder wenn diese Person in einem weißen Arztkittel und mit Stethoskop vor Ihnen steht?

Vermutlich ist instinktiv das Vertrauen bei der zweiten Person größer. Der Mann im Arztkittel vermittelt bei den meisten Menschen unterbewusst

Autorität – ein weißer Arztkittel wird mit dem Berufsbild Arzt in Verbindung gebracht.
Stellen Sie sich noch ein zweites Beispiel vor, Sie haben eine Beschwerde an ein Produkt, zum Beispiel gefällt Ihnen die Verarbeitung eines gekauften Möbelstücks nicht. Sie rufen deshalb im Möbelhaus an und erhalten einen X-beliebigen Verkäufer am Hörer, der behauptet das Möbelstück ist einwandfrei und makellos.
Sie glauben ihm nicht und wollen den Filialleiter sprechen. Dieser nimmt den Apparat ab und versichert Ihnen ebenfalls, dass das Möbelstück einwandfrei und in makellosem Zustand ist.
Vermutlich werden Sie im Gespräch mit dem Filialleiter mehr Vertrauen zeigen und die Antwort akzeptieren.
In diesem Fall hat das Machtpotenzial von Autorität gegriffen.
Im Verkaufsprozess werden Menschen viel eher bei Personen mit Autorität kaufen.
Im Kundenserviceprozess werden Kunden bei schwierigen Fällen wie großen Reklamationen beruhigter reagieren, wenn deren Anliegen vom Service-Abteilungsleiter direkt bearbeitet werden oder zumindest das Ergebnis zur Ursachenforschung oder Abhilfemaßnahmen vom Abteilungsleiter abgesegnet und bestätigt wird.

Knappheit

Der Mensch ist aufgrund seiner Urinstinkte sehr einfach gestrickt, wenn es um Knappheit geht. Gibt es von etwas wenig, will er es eher haben als von Dingen die es häufiger gibt.

So sind seltene Rohstoffe wie Gold, Häuser in 1A-Lagen, teure Uhren oder schnelle Autos in der Regel als wertvoller und dementsprechend teurer angesehen, als vergleichsweise häufiger verfügbare Dinge.
Knappheit sorgt dabei dazu, dass der Verkaufsprozess beschleunigt wird.
Wird ein Produkt abgekündigt oder in sehr limitierter Stückzahl verkauft, neigen Menschen eher dazu, den Kaufabschluss zu tätigen, als wenn sie wissen, dass das Produkt jederzeit verfügbar ist. Dann wird die Kaufentscheidung viel eher herausgezögert.
Im Kundenservice spielt Knappheit vor allem auf Kundenseite eine Rolle, wenn plötzlich eine Maschine ausfällt und das Ersatzteil schwer zu beschaffen ist.
Dann werden für Reparaturen oder Umbauarbeiten deutliche Aufschläge bezahlt.

2.3.2 Begeisterung erschaffen

Zu Beginn dieses Kapitels wurde beschrieben, dass Schmerz und Freude die inneren menschlichen Antreiber sind.

In Kundenservice-Fällen spielen oftmals negative Emotionen eine übergeordnete Rolle, zum Beispiel dann, wenn der Kunde eine technisch anspruchsvolle Situation nicht versteht, wenn eine Beschwerde eingeht oder eine Reklamation zustande kommt.

Aufgebrachte Kunden sind in der Regel gestresst und empfinden je nach Intensität der Beschwerde, Reklamation, etc. mehr oder weniger „inneren Schmerz".

In der Kundenbetreuung ist es deshalb oberste Priorität dem Kunden dieses Schmerzgefühl zu nehmen und in ein Gefühl der Freude, bestenfalls in ein Gefühl der Begeisterung zu wandeln.

Die Freude entsteht dann, wenn dem Kunden freundlich, in Ruhe, hilfsbereit und lösungsorientiert geholfen wird.

Begeisterung kann erst dann entstehen, wenn die Grundlagen stimmen, also die Freude beim Kunden wiederhergestellt ist.

Wird anschließend mehr geboten als der Kunde gefordert hat, entsteht Begeisterung. Dann ist es wahrscheinlicher, dass er seine Negativerfahrung durch die Reklamation, Beschwerde, etc. eher verdrängt und mit seiner erfahrenen Begeisterung assoziiert. Er wird von diesem Zeitpunkt an wissen, dass er diesem Unternehmen (wieder) vertrauen kann, ihm freundlich und sympathisch entgegengekommen wurde, er mehr bekommen hat

als er gefordert hat und wird dementsprechend zukünftig mit der Erwartungshaltung, die er durch diese Begeisterung erfahren hat, Kaufabschlüsse tätigen. Im allerbesten Fall tut er seine Begeisterung kund und erzeugt eine für Ihr Unternehmen positive Mund-zu-Mund Propaganda.
Begeisterung wird durch „Overdelivery“ erzielt. Das geschieht, indem der Kunde unerwartet mehr erhält als er verlangt hat.
Dies können beispielsweise besondere Kulanz sein, Rabattmaßnahmen, kleine Geschenke, kostenfreie Beratung, uvm.

2.3.3 Verschiedene Kundentypen

Im täglichen Kundenkontakt wird schnell bemerkbar, dass sich Kunden unterschiedlich verhalten.
Einer ist gelassen, kompromissbereit und zeigt Vertrauen.
Ein anderer ist hartnäckig, fragt häufig Statusupdates an und häuft Verständnisfragen bis zum Erhalt der Problemlösung.
Einer meldet sich stets per Anruf, wieder einer schreibt nur E-Mails.
Menschen verhalten sich stets unterschiedlich. In der Arbeit im Kundenservice kann es Vorteile bieten, sich mit den grundlegenden menschlichen Verhaltensweisen auseinander zu setzen.

Grundsätzlich gibt es vier grobe Verhaltensweisen beim Menschen. Diese sind je nach Gefühlszustand, persönlicher Situation, Umgebung, Erfahrungen, uvm. unterschiedlich stark ausgeprägt. Die vier grundlegenden Verhaltensweisen sind:

Extrovertiert → nach außen gerichtete Haltung, kontaktfreudig

Introvertiert → nach innen gerichtete Haltung, zurückhaltend

Zielorientiert → auf Ergebnisse fokussiert, i.d.R. objektiv

Menschenorientiert → auf Menschen fokussiert, i.d.R. subjektiv

Das DISG®-Model [8] (Lizenzgeber von DISG ist der Verlag John Wiley & Sons Inc.) beschreibt deren Zusammenhänge und charakterisiert daraus typische menschliche Verhaltenswissen.

Extrovertiert + Zielorientiert = Dominant (D)
Extrovertiert + Menschenorientiert = Initiativ (I)
Introvertiert + Menschenorientiert = Stetig (S)
Introvertiert + Zielorientiert = Gewissenhaft (G)

Verhalten im Kundenkontakt:
Der dominante Kunde will keinen langen Smalltalk, er will direkt in sein Anliegen übergehen. Dabei kann es vorkommen, dass er ungewollt aber automatisch die Gesprächsführung übernimmt und sehr energisch auf eine Lösung pocht. Spontane Anrufe seinerseits sind keine Seltenheit. Häufiges nachfragen zu Statusupdates und ausführliche Erklärungen inklusive.
Der initiative Kunde kommuniziert auf der persönlichen Ebene, gerne auch per Telefon. Smalltalk und weitere zusätzliche Informationen die eher nebensächlich für die Erläuterung seines Problems sind, können vorkommen. Bei der Lösungsfindung lässt er sich leicht begeistern und zeigt seine Begeisterung auch gerne öffentlich.
Der stetige Kunde kommuniziert gerne per E-Mail. Am Telefon kann es sein, dass er überfordert ist und grundsätzlich anders reagiert als per E-Mail. Er ist freundlich, ruhig und kann sehr entgegenkommend sein. Nach Erläuterung seines Problems, ist er kompromissbereit, bescheiden und geduldig. Ihn als Kunden zu bekommen ist sehr einfach zu

handhaben, umso mehr sollte man ihn zu schätzen wissen.
Der gewissenhafte Kunde meldet sich ebenfalls am liebsten per E-Mail. Alles was sie ihm senden kontrolliert er gewissenhaft und meldet sich direkt, wenn er Unschlüssigkeiten findet. Im sind Statusupdates mehr E-Mail wichtig und eine lückenlose Bearbeitung bis zur Lösungsfindung.

Als Fazit gilt, jeder Kunde kann sich anders verhalten, ein Konsens vereint sie im After-Sales aber alle: sie haben ein Problem und benötigen eine Lösung.
Grundsätzlich und sehr simpel gilt deshalb freundlich und gezielt lösungsorientiert dem Kunden bei seinem Problem helfen. Wenn man sich dabei bewusst ist, dass Kunden stets unterschiedliche, menschliche Verhaltenstypen an den Tag legen, lässt das die Arbeit im Kundenservice sehr viel objektiver und nüchterner angehen.
Versuchen Sie Kunden stets gleich zu behandeln nur, weil ein dominanter Kunde häufiger anruft als ein gewissenhafter Kunde, heißt das nicht, dass sein Problem wichtiger ist. Oder nur, weil ein Kunde Ihnen auf Anhieb sympathischer ist, heißt das nicht, dass das Problem des anderen Kunden unwichtiger ist. Behandeln Sie Kunden fair, lassen sie Ihre eigenen Emotionen aus dem Spiel und beachten Sie stets das Ziel: egal wie verschieden die Kunden sind, sie haben ein Problem und ihnen muss freundlich und lösungsorientiert geholfen werden.

2.4 Beschwerden als Chance betrachten

Wie Beschwerde und Reklamationsanliegen dem eigenen Unternehmen weiterhelfen und wieso sie unbedingt nachverfolgt werden sollten.

2.4.1 Gründe für verärgerte Kunden

Vorab stellt sich die Frage, woran erkennt man, dass ein Kunde verärgert ist?
Zum einen gibt es sehr offensichtliche Signale, wenn ein Kunde direkt ausspricht, dass er unzufrieden ist, zum anderen gibt es versteckte, bzw. weniger offensichtliche Signale.
Anhand von Gestik, Mimik und Stimme kann im persönlichen Gespräch ein verärgerter Kunde relativ schnell bemerkt werden. Anzeichen dazu sind beispielsweise verschränkte Arme, ein böser Blick, angespannter Tonfall, eine laute Stimme und der Gebrauch von Schimpfwörtern.
In E-Mails oder Textnachrichten sind Hinweise auf verärgerte Kunden zum Beispiel durch folgende Auffälligkeiten gekennzeichnet: sehr deutlich formulierte Aussagen oder Forderungen, eine grobe Wortwahl, sehr kurze phrasenhaft aneinander gereihte Sätze und sehr viele Personen in Kopie (oft Leitungs- und Führungskräfte).
Ist die Unzufriedenheit des Kunden erkannt, trifft höchstwahrscheinlich einer der folgenden fünf Gründe für die Unzufriedenheit zu.

1) Lieferuntreue: z.B. fehlende Verfügbarkeit, verspätete Lieferung oder Falschlieferung
2) Unzureichender Support: z.B. kein Ansprechpartner, Gefühl nicht ernst genommen zu werden, mangelnde Kompetenz und Freundlichkeit
3) Qualitätsmangel: Qualität wird vorausgesetzt, Mängel sind nicht zu tolerieren
4) Weitere Abwicklungsprobleme: z.B. Zahlungsabwicklung (Geld hinterherrennen), Termine werden nicht eingehalten, kein lösungsorientiertes Vorgehen
5) Selbst begangene Fehler werden auf Verkäufer übertragen

<u>Lieferuntreue</u>
Während heutzutage Qualität und Kompetenz vorausgesetzt wird, wird es für Wettbewerber immer wichtiger schnell liefern zu können.
Wer im heutigen Zeitalter von Lean-Management mit Strukturen wie „Just-in-time“ Fertigung und taggenauer Anlieferung am schnellsten liefern kann, gewinnt. Denn Produktionsstillstände und Bandstopps sind sehr oft mit hohem wirtschaftlichem Schaden verbunden und unbedingt zu vermeiden. Gerade im Ersatzteilgeschäft gibt es für Lieferengpässe kaum Platz für Verständnis.
Deshalb sind Punkte wie Artikelverfügbarkeit, pünktliche Anlieferung und vor allem auch die Lieferung des richtigen Artikels sehr wichtig.
Für dringend benötigte Lieferungen können gerne auch Eilzuschläge verlangt werden. Wichtig ist aber vor allem, dass Waren und Güter pünktlich zum

vereinbarten Termin eintreffen und dabei auch der korrekte Artikel geliefert wird.
Im Termindruck kann es fatal sein ein verspätetes Paket mit der falschen Ware zu erhalten.
Um Kunden hierbei zu beruhigen sollte sehr kulant vorgegangen werden und sofort die richtige Ware kostenfrei per Eilversand nachgeliefert werden.

Unzureichender Support
Unzureichender Kundensupport ist ein sehr starker Katalysator für Kundenunzufriedenheit. Stellt ein Unternehmen in Support-, Service-, oder Reklamationsanfragen keinen eindeutig identifizierbaren Ansprechpartner zur Verfügung, entsteht beim Kunden schnell das Gefühl nicht ernst genommen zu werden. Getoppt wird die Verärgerung, wenn anschließend beim Erreichen einer Servicehotline nach 10 Minuten Warteschleife noch mangelnde Kompetenz und fehlende Freundlichkeit hinzukommen.
All diese Punkte können von vornerein sehr leicht vermieden werden.
So kann beispielsweise eine E-Mailadresse mit „service@...com" eingerichtet werden, oder eine dauerhaft verfügbare Servicehotline mit Anrufbeantworter – auf die auch innerhalb von wenigen Stunden zurückgerufen wird.
Noch besser ist ein Service-Request Formular auf der Unternehmenswebseite, in den Kunden einfach und mit sofortiger Rückmeldung ihr Anliegen eintragen können.
Füllt ein Kunde eine Serviceanfrage aus, sollte er sofort eine Rückmeldung per E-Mail erhalten, dass

seine Anfrage angenommen wurde und schnellstmöglich bearbeitet wird.
Die Bearbeitung selbst sollte dabei immer mit dem Hintergedanken, den Kunden zu 110% zufriedenstellen zu wollen, bearbeitet werden. Glückliche Kunden sind zufriedene Kunden und zufriedene Kunden werden zu Bestandskunden.

Qualitätsmangel

Im heutigen Zeitalter wird Qualität vorausgesetzt. Fehlerhafte Produkte mit Qualitätsmängeln sind so gut wie nicht mehr tragbar. In der heutzutage vernetzten, digitalisierten und globalisierten Welt ist ein Anbieter i.d.R. sehr schnell wechselbar. Kunden werden nicht mehr ausschließlich durch gute Qualität, sondern auch durch fachkompetente und sympathische Kundenberatung und Betreuung sowie Liefertreue gewonnen.
Kundenbeschwerden in Folge von unzureichender Qualität gilt es demnach ebenfalls mit sehr hoher Priorität zu bearbeiten. Womöglich sind weitere Teile von Fertigungs- oder Montagefehlern betroffen. Um deshalb keine großen Rückrufaktionen und weitere Kundenunzufriedenheit zu provozieren oder gar Ihren eigenen, guten Ruf zu gefährden, müssen Qualitätsmängel umgehend abgestellt werden.
Sinnvoll ist es hierbei, dem Kunden direkt ein geprüftes, einwandfreies Ersatzprodukt aus Kulanz kostenfrei zur Verfügung zu stellen. Anschließend ist das fehlerhafte Teil zu prüfen und mit dem Kunden offen über das Problem sprechen. Lügen haben kurze Beine und Ehrlichkeit währt am längsten.

Weitere Abwicklungsprobleme

Kundenunzufriedenheit kann auch durch alle möglichen weiteren Abwicklungsprobleme auftreten, zum Beispiel bei fehlerhaft ausgestellten Rechnungen, falschen Angaben, Zahlendrehern, etc.

Hierbei sollte bei der Fehlerprüfung und Servicebearbeitung darauf geachtet werden ob ein systemseitiger oder ein menschlicher Fehler vorliegt.

Systemseitige Fehler sollten umgehend und langfristig behoben werden und dabei geprüft werden ob weitere, zusammenhängende Fehler aufgetreten sind.

Menschlich verursachte Fehler sollten ebenfalls genauestens geprüft werden.

Möglicherweise war der Fehler eine Ausnahme, der einmal in 1000 Fällen vorkam. Möglicherweise wurde der Fehler aber auch durch externe Einflüssen wie Stresssituationen, unzureichende Arbeitsmittel oder weiteren Umgebungsfaktoren verursacht (spiegelnde Brille, PC-Monitor, laute Umgebung, Stress am Arbeitsplatz, etc.).

Kommt ein menschlicher Fehler häufiger vor, sollte über eine konkrete Optimierung nachgedacht werden, wie z.B. eine Nachschulung, ein Platzwechsel, eine Optimierung der Arbeitssituation des Mitarbeiters, ein persönliches Gespräch (vlt. Plagen den Mitarbeiter eigene Probleme) oder ein Tätigkeitswechsel.

Selbst begangene Fehler werden auf Verkäufer übertragen

Auch wenn es so schön heißt, der Kunde ist König, so ist der Kunde nicht frei von Fehlern. Auch er kann

Fehler machen, die dann fälschlicherweise als Beschwerde beim Verkäufer landen.
Möglicherweise hat der Kunde sein Produkt vorab falsch berechnet, falsch ausgelegt, falsch bedient oder falsch bestellt. Abwicklungsfehler können genauso auch beim Kunden auftreten.
Tritt eine Kundenbeschwerde auf, bei der nachweislich feststellbar ist, dass sie vom Kunden selbst entstanden ist, sollte mit Vorsicht fortgefahren werden.
Der Kunde sollte freundlich darauf hingewiesen werden, bei sich intern den Fehler zu suchen. Dabei sollte seitens der eigenen Firma so viel Support wie möglich bei der Fehlersuche angeboten werden, z.B. Beantwortung von Rückfragen, Hilfe bei technischen Auslegungen, Sendungsverfolgung, etc.
Die meisten Kunden werden dankbar über Ihren Hinweis zur Fehlerursache sein und sich über Ihre Hilfeleistung freuen.

2.4.2 Möglichkeiten Kundenzufriedenheit zu steigern

Zufriedene Kunden sind zahlende Kunden. Im vorigen Kapitel wurde erläutert, wie wichtig es ist Dauer- / Bestandskunden zu haben. Des Weiteren wurde näher beschrieben, das Qualität vorausgesetzt wird. Kunden darüber hinaus zufrieden zu stellen ist nicht schwer, verschafft aber einen erheblichen Marktvorteil.

Denn wo man sich wohlfühlt, geht man immer wieder gerne hin und kauft dementsprechend häufiger.

Fünf einfache Möglichkeiten um Kundenzufriedenheit stetig zu steigern und aufrecht zu erhalten werden im Folgenden dargestellt:

1) Verfügbarkeit/Erreichbarkeit
2) Fachkompetenz
3) Reaktionsgeschwindigkeit
4) Sympathie/Freundlichkeit
5) Overdelivery: Kunden begeistern, in jeder Angelegenheit

Stellen Sie sich vor Sie haben einen neuen Fernseher gekauft doch dieser funktioniert nicht wie er soll, das Bild ist unscharf und flackert. Im Internet finden Sie kaum Abhilfe, eine Service E-Mailadresse und eine Service-Hotline finden sich vergeblich. Erst nach mehrmaligen Anrufen in der Firmenzentrale erreichen Sie einen Mitarbeiter. Dieser hat kaum Zeit für Sie und weiß kaum über das Produkt Bescheid. Er leitet Sie auch nicht an einen zuständigen Kollegen weiter. Es sagt Sie sollen selbst in Abteilung xy anrufen. Dort ist ebenfalls niemand erreichbar.

Verärgert geben Sie den Fernseher wieder zurück, zu Recht.
All das hätte man durch fünf einfache Mittel und vorbeugende Maßnahmen von vornerein vermeiden können.

Verfügbarkeit/Erreichbarkeit
Fundamental wichtig ist es, Kunden in Service-, Support-, und Reklamationsanfragen zügig Rückmeldung zu geben. Sei es bereits in Form eines kurzen Rückrufs oder einer E-Mail mit folgendem Inhalt: „Vielen Dank Frau ..., wir haben Ihre Anfrage erhalten. Der Vorgang ist angelegt unter Nummer 12345 und wir aktuell bearbeitet. Wir melden uns zeitnah mit dem weiteren Vorgehen..."
Schnelle Erreichbarkeit zeigt dem Kunden, dass er Ihnen wichtig ist.

Fachkompetenz
Bei der Bearbeitung des Kundenanliegens ist es wichtig, dass dem Kunden fachlich kompetent geholfen wird. Dazu sollte der Servicevorgang je nach Anliegen von den entsprechenden, fachlich zuständigen Personen bearbeitet werden.
Dilettantisch wirkende Antworten die dem Kunden nicht weiterhelfen sondern für noch mehr Zeitaufwand und Ärger sorgen sollten vermieden werden.
Entsprechend sollten externe Abteilungen die von Ihnen im Kundenservice beratend zur Hilfe geholt werden auch konkret darüber Bescheid wissen, dass derartige Anfragen aus dem Kundenservice kommen könnten, um vorbereitet zu sein und eventuelle

Kapazitäten freizuhalten. Schnittstellenvereinbarungen und Absprachen mit den Vorgesetzten sind hierbei empfehlenswert.

Reaktionsgeschwindigkeit

Während Erreichbarkeit vor allem bei der ersten Kontaktaufnahme in Supportangelegenheiten eine große Rolle spielt, ist Reaktionsgeschwindigkeit in allen nachfolgenden Tätigkeiten wichtig.

Je nach Schweregrad und Priorität der Kundenanfrage sollte schnell gehandelt werden. Je schneller der Kundenservicevorgang zufriedenstellend bearbeitet ist, desto weniger ist Ihr Unternehmensruf gefährdet und desto schneller ist der Kunde wieder ein zufriedener, zahlender Kunde.

Sympathie/Freundlichkeit

Freundlichkeit sollte in allen Interaktionen mit dem Kunden vorausgesetzt werden. Sei es per Telefon, E-Mail oder im direkten Gespräch ist Freundlichkeit das A und O. Auch wenn Sie beispielsweise nicht der richtige Ansprechpartner für das Serviceanliegen des Kunden sind, sollten Sie ihn freundlich weiterleiten.

Während Freundlichkeit vorausgesetzt wird, fällt Unfreundlichkeit sehr schnell auf und schadet Ihrem Ruf.

Overdelivery

Kunden die begeistert von Ihnen sind verbreiten ihre Begeisterung in ihrem Umfeld und sorgen dafür, dass Ihr eigener Ruf stark davon profitiert.

Deshalb sollten Sie wenn Sie es können, mehr liefern als Sie müssten. Sind die obigen vier Punkte:

Erreichbarkeit, Fachkompetenz, Reaktionsgeschwindigkeit und Freundlichkeit bestmöglich erfüllt, bietet es sich an, noch eine Schippe drauf zu legen und beispielweise nach einer Woche einen Rückruf zu tätigen und beim Kunden nachzufragen ob alles einwandfrei in Ordnung ist, ob er weitere Fragen hat oder ob auf andere Weise weitergeholfen werden kann.

Des Weiteren können weitere Aufmerksamkeiten hilfreich sein, z.B. sehr kulante Maßnahmen in Beschwerde- / und Reklamationssituationen.

Ist ein Produkt beschädigt ausgeliefert worden, sollte der Ersatz zügig und rabattiert oder sogar ganz kostenfrei nachgeliefert werden.

Probieren Sie immer etwas mehr zu geben und Ihr Kunde wird ein sehr zufriedener, zahlender Kunde bleiben.

2.5 Reklamationen und wie man mit ihnen umgeht

Reklamationsfälle entstehen innerhalb des Gewährleistungszeitraums bei Produkten mit Gewährleistung. Zur optimalen Kundenbetreuung sollten Sie bei Reklamationsanfragen zeitnah und sehr lösungsorientiert vorgehen. Dazu sollte bei jeder Reklamation, auch wenn kein Fehler vorliegt, ein Untersuchungsbericht angefertigt werden und dem Kunden zur Verfügung gestellt werden.
Dadurch wird die Wichtigkeit des Anliegens signalisiert und es erleichtert für Sie die interne Nachverfolgung von Reklamationen sowie die Findung einer möglichen Fehlerursache.
In Reklamationsfällen gibt es drei Arten für die Fehlerursache:

1. Der Kunde ist schuld (unberechtigte Reklamation)
2. Es liegt kein Fehler vor
3. Sie sind schuld (berechtigte Reklamation)

Im ersten Fall, wenn der Kunde schuld ist (unberechtigte Reklamation), sollten Sie den Kunden freundlich auf seine Ursachenentstehung hinweisen. Dazu eignet es sich umschreibende Formulierungen anzuwenden, wie zum Beispiel: „Vermutlich entstand der Defekt aus Vibrationen in der Maschine…“ Und anschließend direkte Abhilfemaßnahmen einzufügen „Bitte prüfen Sie die Anwendung auf Resonanzen, Schwingungen und Vibrationen. Gerne prüfen wir Ihre technische Auslegung…“. Wichtig ist hierbei, die unberechtigten Reklamationen immer abzulehnen, um keine negative Lieferantenbewertung zu erhalten.

Im zweiten Fall, wenn kein Fehler vorliegt, sollten Sie einen kurzen Bericht erstellen, der die Funktionsprüfungen schildert und das Produkt als einwandfrei beschreibt. Dazu kann zum Abschluss der Hinweis eingefügt werden „Das Produkt ist voll funktionsfähig und kann in diesem Zustand weiterbetrieben werden".

Im dritten Fall, wenn Sie selbst schuld sind (berechtigte Reklamation), und diese auch als solche geprüft und bestätigt haben, können Sie entweder den Fehler direkt zugeben oder umschreibende Formulierungen anwenden. Egal welche Taktik Sie verwenden, der Kunde sollte direkt ein kostenfreies, funktionierendes Ersatzprodukt oder eine Gutschrift zugesichert bekommen.

Kleinere Fehler die geringen finanziellen Schaden verursachen, können direkt zugegeben werden und werden von Kunden, sofern diese ein kostenloses Ersatzprodukt oder eine Gutschrift erhalten, auch verziehen. In der Regel ist es sogar vertrauensförderlich, wenn Sie eigens verursachte Fehler zugeben und keine Vertuschungsaktionen starten.

Große Fehler sollten zunächst vorsichtig formuliert werden, indem zum Beispiel zugesichert wird, dass ein Defekt vorliegt, ein Ersatzprodukt kostenlos gestellt wird, aber die Schadensprüfung aktuell noch stattfindet, also noch in Prüfung ist. Auch hier werden Kunden in der Regel fürs erste zufrieden gestellt sein.

Wurde Ihrerseits ein Fehler verursacht, sollte dennoch in jedem Fall sowohl für intern, als auch für extern ein Maßnahmenreport zur zukünftigen

Fehlervermeidung erstellt werden. Im Fachjargon des Qualitätsmanagements handelt es sich dabei um einen sogenannten 8D-Report.
Dieser führt unter anderem die folgenden Punkte auf:

- Was für ein Fehler liegt vor?
- Wie wurde er verursacht?
- Welche Maßnahmen werden eingeleitet?
- Wie wird der Fehler zukünftig vermieden und nachverfolgt?

Bei Reklamationen die sehr große finanzielle Schäden mit sich bringen (zum Beispiel Rückrufaktionen, Lagerbestandsprüfung, Konstruktionsfehler, etc.), sollte gemäß der Eskalationsstufen die im Folgekapitel aufgeführt werden immer die Geschäftsleitung und hochrangige Vorgesetzte zur Entscheidungspflicht hinzugezogen werden.

2.6 Eskalationsstufen

Um Eskalationsstufen aufzustellen, sollten berechtigte Reklamationen in Fälle mit geringem, mittlerem und hohem wirtschaftlichen Ausmaß unterteilt werden.

Sobald eine berechtigte Reklamation eintrifft und als solche geprüft wurde, sollte das potenzielle Ausmaß weiterer damit zusammenhängender Reklamationen ermittelt werden. Dazu eignen sich folgende Leitfragen:

- Welche wirtschaftliche Bedeutung hat der Kunde der die Reklamation getätigt hat? (Zuordnung A-, B-, C-Kunde)
- Wie viele Produkte von diesem reklamierten Produkt sind kundenübergreifend im Feld?
- Wurde der Lagerbestand geprüft, sind weitere Fehlteile auf Lager?
- Müssen Teile nachgearbeitet werden?
- Sind Zukaufteile betroffen? (evtl. ist eine Reklamation beim Lieferanten erforderlich)
- Welche Art von Fehler liegt vor? (Konstruktions-, Montage-, Fertigungs-, Vertriebs-, Druckfehler, etc.)
- Sind weitere zusammenhängende Vorgänge betroffen? (z.B. Teileübergreifender Fertigungsfehler)
- Welche konkreten Abstellmaßnahmen werden durchgeführt?
- Wer prüft die Durchführung der Abstellmaßnahmen?

Je nach Ausmaß der Reklamation sollte ein Eskalationsprogram vorliegen um je nach Bedarf Vorgesetzte, Vorstand und Geschäftsleitung zur Maßnahmenentscheidung hinzu zu ziehen. Beispielhaft ist hierzu eine Tabelle mit vier Eskalationsstufen abgebildet:

Eskalationsstufe:	Wirtschaftliches Ausmaß:	Hinzuziehen von...
1 Gering	Stufe 1 *(Muss von Unternehmen zu Unternehmen unterschiedlich definiert werden)*	Bearbeitung durch Personal im Kundenservice und Übergabe an Qualitätssicherung
2 Moderat	Stufe 2 *(Muss von Unternehmen zu Unternehmen unterschiedlich definiert werden)*	Bearbeitung durch Kundenservice, Übergabe an Qualitätssicherung und Hinzuziehen von Abteilungsleiter Kundenservice
3 Hoch	Stufe 3 *(Muss von Unternehmen zu Unternehmen unterschiedlich definiert werden)*	Bearbeitung durch Kundenservice, Übergabe an Qualitätssicherung und Hinzuziehen von Abteilungsleiter Kundenservice, Technik und Vertrieb
4 Sehr hoch	Stufe 4 *(Muss von Unternehmen zu Unternehmen unterschiedlich definiert werden)*	Bearbeitung durch Kundenservice, Übergabe an Qualitätssicherung und Hinzuziehen von Abteilungsleiter Kundenservice, Technik und Vertrieb und der Geschäftsleitung

Je nach Unternehmen kann die Aufstellung bei Eskalationen ganz unterschiedlich ausfallen. Möglicherweise sind das wirtschaftliche Ausmaß anzupassen, die zu informierenden und befugten Personen abzuändern oder weitere Eskalationsstufen hinzuzufügen. Ein Maßnahmenplan sollte aber immer vorhanden sein.
Stellen Sie sich vor, die Geschäftsleitung bleibt bei einer großen Rückrufaktion uninformiert und erfährt erst dann davon, wenn der Kunde abspringt, weil es keine Informationskette gab. Oder der Kundenservice Mitarbeiter traut sich bei großen wirtschaftlichen Eskalationen nicht die Vorgesetzten zu informieren.
Solche Vorgehensweisen sollten bei Reklamationen im Vorfeld klar geregelt sein und die notwendigen Pläne und Absprachen dafür vorliegen.
Bei einer Reklamation sollte generell ein Zusammenspiel vieler bereits voran gegangener Punkte angewendet werden.
Im Grund gilt nach wie vor: dem Kunden freundlich und lösungsorientiert zu helfen.
Dabei sollte je nach Ausmaß der Reklamation das notwendige Kommunikationsinstrument ausgewählt werden (direktes Gespräch, Telefonat, E-Mail).
Sind weitere Abteilungen zur Lösungsfindung hinzu zu ziehen, so sollten die externen Abteilungen vorab darüber informiert sein, dass Reklamationsvorgänge zu priorisieren sind.
Dies hat zum einen damit zu tun, dass der verärgerte Kunde schnellstmöglich zufrieden gestellt werden muss, um ihn wieder zu einem zufriedenen Bestandskunden zu machen. Zum anderen steht die

Qualität jeglicher Produkte und Dienstleistungen im heutigen digitalen Zeitalter stets im Vordergrund.
Qualität wird vorausgesetzt und muss in einem kapitalistisch, gewinnorientierten Unternehmen unbedingt eingehalten werden.
Ist die Reklamation einer der höheren Eskalationsstufen zu zuordnen, gilt es Experten aus den jeweiligen Abteilungen und leitende Kräfte mit einzubeziehen.
Der Kunde selbst sollte stetig über den aktuellen Zustand informiert werden, dazu ist fallweise das richtige Kommunikationsmedium auszuwählen.
Grundsätzlich gilt: Je kritischer die Information ist, desto persönlicher sollte die Kommunikation stattfinden. Während reine, unkritische Informationen die keiner Antwort bedürfen einfach per E-Mail gesendet werden können, sollten Konfliktgespräche, Dringlichkeiten und kritische Informationen mindestens per Telefon, besser noch im persönlichen Gespräch stattfinden.
Je nachdem ist dazu ein Kundenbesuch vor Ort notwendig, dazu sollten die jeweiligen hinzugezogenen Leiter (je nach Eskalationsstufe) ebenfalls präsent sein.
Zum einen um direkte Handlungsmaßnahmen einleiten zu können und zum anderen um dem Kunden zu zeigen, dass der Vorgang wichtig ist und priorisiert wird.
(Allerdings sollte der Kunde dabei nicht durch eine Armada an Personen eingeschüchtert werden. Die Anzahl an Personen mit denen der Kunde am Gespräch teilnimmt, sollte von Ihnen nicht überschritten werden).

Bei der Lösungsfindung selbst geht es zusammenfassend darum, langfristig zu denken. Die Abstellmaßnahmen sollten Hand und Fuß haben, der Fehler nie mehr eintreten und das Entgegenkommen zum Kunden hin sollte sehr kulant sein.

Nach Abschluss der Reklamationsbearbeitung sollte der Vorgang mit allen wichtigen Informationen, Belegen, getroffenen Absprachen, Infomaterial, etc. archiviert werden. Final sollte die Reklamation stetig nachverfolgt werden: Im Sinne des Gedanken an eine stetige Verbesserung sollte ein derartiger Fehler auf diese Weise nie wieder passieren (zumindest nicht beim selben Kunden).

2.7 Wie kann man Kundenzufriedenheit messen?

Zur stetigen Nachverfolgung der Kundenzufriedenheit Ihres Unternehmens gilt es die Reaktionen auszuwerten, die Kunden nach Ihrem Kundenservice als Feedback geben.
Dazu bieten sich zwei Möglichkeiten an, zum einen der indirekte und zum anderen der direkte Weg.

Indirekt:
Kunden, die mit Ihrer Servicearbeit zufrieden oder unzufrieden sind, können auf Sie zukommen und Rückmeldungen per Text, Telefon oder im direkten Kontakt, zum Beispiel bei Kundenbesuchen oder auf Messen geben.
Diese Form der Rückmeldung ist in der Regel sehr spontan und zufällig und dadurch kaum auswertbar.
Es ist schwer all diese Arten der Rückmeldung zu sammeln und auszuwerten, zumal keine konkreten Bewertungskriterien festgelegt sind. Die Auswertungen sind oft Interpretationssache.
Natürlich können diese Formen der Rückmeldung für die erbrachte Serviceleistung genutzt werden. Vor allem für sich persönlich ist diese Art des Feedbacks, wenn es sich dabei um eine Dankbarkeit handelt, sehr zufriedenstellend und bleibt gefestigt in Erinnerung.

Direkt:
Um detaillierte Auswertungen ermöglichen zu können, ist die direkte Messung der Kundenzufriedenheit ausschlaggebender.

Als bekannteste Methode bieten sich Kundenrezensionsfelder wie bei Amazon.com oder anderen Internethändlerseiten an. Hier können Kunden gekaufte Produkte nach Belieben bewerten. So sehen auf der einen Seite weitere potenzielle Kunden transparent die Einschätzungen zum Produkt und können so ihre Kaufentscheidung beeinflussen. Zum anderen kann der Verkäufer gezielt, ohne persönlich mit Kunden in Kontakt treten zu müssen, die Bewertungen sammeln und auswerten. Hierbei ist allerdings das gezielte auswerten vom After-Sales Kundenservice schwierig heraus zu filtern.

Um gezielt nach Bewertungen des After-Sales zu fischen, ist es sinnvoll, Bewertungskriterien einzuführen, zu denen Kunden nach der Servicebearbeitung direkt befragt werden. Dazu eignen sich zum Beispiel die Punkte Freundlichkeit/Sympathie, Erreichbarkeit/Verfügbarkeit, Fachkompetenz und Reaktionsgeschwindigkeit. Diese dienen zum einen hervorragend als Leitkriterien während der Servicebearbeitung und ebenso, um anschließend den Grad der erbrachten Kundenzufriedenheit im After-Sales gezielt auszuwerten.

Als konkreter Vorschlag kann ein Bewertungsbogen eingeführt werden, der nach der Service-Bearbeitung per E-Mail an den Kunden versendet wird. Mittels einer einfachen Umfrage können die vier genannten Bewertungskriterien bewertet werden. So könnte der Kunde beispielsweise bis zu 5 Sterne, die Ampelfarben Grün/Gelb/Rot oder bis zu 100% Erfüllungsgrad pro Kriterium vergeben. Ein

zusätzliches Freitextfeld wäre ebenfalls sinnvoll, hier könnte der Kunde seine Begeisterung, weitere Verärgerung oder sonstige subjektiven Meinungen und Vorschläge entgegenbringen.
Die ausgefüllten Kundenbewertungen lassen sich sammeln und monatlich, quartalsweise oder jährlich auswerten. So können Trends, Optimierungsmöglichkeiten und Handlungsbedarf vorausschauend erkannt werden.

3 Methoden in der Kundenkommunikation

3.1 Kunde beruhigen

Hier und da kann es vorkommen, dass Kunden sich emotional geladen im After-Sales melden. Zahlreiche Signale können darauf hindeuten, dass ein Kunde verärgert ist:
Im Gespräch und am Telefon:

- Kunde beschwert sich, äußert Unzufriedenheit direkt
- Nervosität, Anspannung bis hin zu Verzweiflung
- Lauter Tonfall
- Gebrauch von Schimpfwörtern
- Gestik und Mimik: Wutausdruck im Gesicht, hektisches Gestikulieren

Im Text:

- Grobe Wortwahl
- Sehr direkt formulierte Aussagen (evtl. „!!“)
- Viele Personen in Kopie (v.a. Leitung- und Führungskräfte)

In diesen Situationen ist es wichtig, mentale Stärke zu beweisen und Kunden emotional entgegen zu kommen. Am besten funktioniert das mit Verständnis.
Ist die Stufe des Kundenärgers noch hoch, muss zunächst Verständnis für das Problem des Kunden

gezeigt werden (egal ob gerechtfertigt oder ungerechtfertigt).

Dies funktioniert am besten indem man den Kunden sein Problem ausführlich erläutern lässt und anschließend „Verständnisphrasen“ einsetzt, z.B.

„Herr/Frau... ich kann Ihren Ärger absolut nachvollziehen“

„Das ist wirklich nicht toll Herr/Frau..., da bin ich ganz auf Ihrer Seite“

„Ich verstehe Ihren Ärger voll und gang Herr/Frau...“

Anschließend kann die eigentliche Bearbeitung, Ursachenanalyse und Lösungsfindung einsetzen.

In Abbildung 2 ist das Vorgehen grafisch dargestellt.

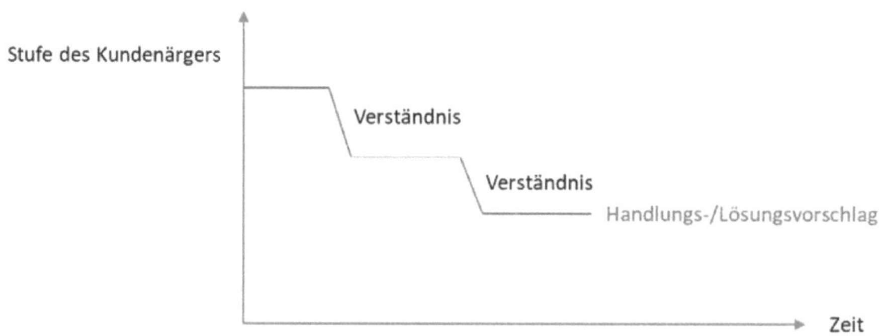

Abbildung 2: Deeskalation von verärgerten Kunden

3.2 Instrumente in der Kundenkommunikation

Es gibt heutzutage drei wesentliche Kommunikationsmöglichkeiten, um mit Kunden zu kommunizieren: Das Telefonat (hierzu zählen auch Telefonkonferenzen), die E-Mail und das direkte Gespräch (hierzu zählen auch Videokonferenzen). Im Folgenden wird auf alle drei Kommunikationsformen Bezug genommen, deren situationsabhängige Vor- und Nachteile sowie weitere Tipps aufgezeigt. Grundsätzlich gilt, egal welches Medium Sie verwenden: Freundlich und lösungsorientiert mit dem Kunden umgehen.

3.2.1 Telefonate

Ziel:

Professioneller Kundenumgang in Telefongesprächen, um Zeitaufwand bei Supportanfragen, Reklamationen oder Konfliktgesprächen im Kundenkontakt zu sparen und dadurch zeitraubende Rückfragen, Missverständnisse sowie Kundenunzufriedenheit bestmöglich zu vermeiden. Dem Kunden soll während eines freundlichen und sympathischen Telefonats effektiv geholfen und zur Seite gestanden werden. Nach dem Gespräch soll der Kunde beruhigt und mit allen nötigen Informationen versorgt worden sein.

Wichtige Dinge vorneweg:

Alle drei eingangs genannten Möglichkeiten bieten Vor- und Nachteile. Während in E-Mails der zu klärende Sachverhalt klar strukturiert wiedergegeben werden kann, können hierbei durch

Fehlinterpretation des Geschriebenen, Missverständnisse entstehen, da nicht eindeutig ist, wie der Text gemeint ist.
Wichtige Themen wie Reklamationen oder Beschwerden, deren Klärung zu Missverständnissen führen könnten, sollten deshalb am besten zuerst per Telefon besprochen werden. Hier greift dessen großer Vorteil, der Gegenüber kann sich in aller Ausführlichkeit erklären, und mittels einfacher Techniken wie Rückfragen, Aussprache, Stimmlage, etc. verständnisvoll beruhigt werden. Im Nachgang kann anschließend gerne eine E-Mail zur schlussendlichen Klärung genutzt werden.
Ein weiterer Vorteil des Telefonats ist oft die Zeiteinsparung – innerhalb von zwei Minuten lassen sich oft Dinge klären die per Text einige Mailsequenzen benötigt hätten.
Für heikle Gespräche per Telefon bei denen Sie anrufen, empfiehlt es sich deshalb, sich vorab ausreichend auf das Telefonat vorzubereiten und eventuelle eine E-Mail vorzuschreiben, die zum einen als Notizblatt für das Telefonat dient und im Nachgang an das Telefonat versendet werden kann.

<u>Vorbereitung auf das Gespräch:</u>
Ein Telefonat dient im Kundenservice einem großen Hauptziel, zeitsparend und auf freundliche Weise eine (möglicherweise kritische) Angelegenheit klären. Als Vorbereitung auf das Telefongespräch dienen deshalb folgende Punkte:

- Wichtig ist es, die Materie zu kennen, man sollte vorab wissen, worum es geht um Rückfragen, die dilettantisch wirken könnten, von vornerein zu vermeiden. Deshalb gilt es zu prüfen: sind Vorabinfos verfügbar?

- Das Hauptziel des Gesprächs sollte bewusst sein:
  Was soll in dem folgenden Gespräch vermittelt werden?
  Was möchte ich durch das Gespräch erreichen?

Dazu eignet es sich im Voraus Fragen zu notieren und während des Gesprächs beantworten zu lassen oder sich einen Leitfaden zu erstellen, der Stichpunkte beinhaltet die im Gespräch nach und nach abgearbeitet werden.

Umgebung:
Prinzipiell gilt: Die Umgebung sollte ruhig sein. Dann fühlen Sie sich auch in einer angespannten Situation wohler und können sich besser auf das Telefongespräch konzentrieren.

- Vor dem Telefonat sollte bereits eine ruhige stressfreie Atmosphäre herrschen – es ist nicht klug von einem zum anderen Meeting zu hetzen und zwischendurch ein heikles Telefonat einzubauen. Sie werden gestresst wirken und schlimmstenfalls sogar die Gesprächsinhalte vergessen. Ebenso sind viele Menschen nervös beim Telefonieren. Um das in den Griff zu bekommen, gilt primär „Übung macht den Meister". Überwinden Sie den „inneren Schweinehund" und üben Sie das Telefonieren in allen möglichen Situationen. Versuchen Sie sich zu Beginn an einfachen

Themen, indem Sie zunächst reine Informationsgespräche oder Kurzgespräche per Telefon führen. Mit der Übung kommt die Erfahrung. Um diesen Prozess zu beschleunigen, sind die nachfolgenden Tipps hilfreich.

- Die Gesprächsumgebung sollte störungsfrei sein. Das Telefonat sollte nicht in der Produktionshalle oder neben Handwerksarbeiten stattfinden. Befinden sich Kollegen um sie herum, die ebenfalls telefonieren, empfiehlt es sich, diese kurz um Ruhe zu bitten.
- Eine gemütliche Umgebung beinhaltet auch bequemes Equipment, z.B. einen bequemen Stuhl, auf dem sie sitzen. Oder Sie können auch stehend/laufend telefonieren, wenn Sie das bevorzugen.
- Ihre Haltung sollte konzentriert und selbstbewusst sein.
  Tipp: bloß nicht nach vorne kauernd mit krummem Rücken oder auf der eigenen Hand sitzen... viel besser empfiehlt es sich, nach hinten gelehnt, eine Hand auf dem Tisch (bereit für Notizen), lächeln und den Blick in den Raum werfen – so als könnten Sie den Kunden direkt sehen. In dieser Haltung kann das Telefonat losgehen.

Bonustipp: Während des Gesprächs lohnt es sich, auf ein schönes Bild zu schauen und/oder ein Lächeln aufsetzen, das sorgt dafür, dass ihr Blick gelassener wird und sie freundlicher und ruhiger sprechen.

Im Gespräch:

Sobald Sie zum Hörer greifen und das Telefonat beginnen, sollten Sie vollständig im Moment sein. Konzentrieren Sie sich auf das Gespräch, die zu besprechenden Themen und Ihre Stimmlage.

- Das Telefonat sollte unterbrechungsfrei ablaufen – z.B. Termine während des Gesprächs oder Personen, die in den Raum platzen, vermeiden.
- Kollegen, die drum herum flüsternd Tipps geben, sollten nicht hörbar sein. Wenn sowas der Fall ist, dann lieber per Notiz auf einem Notizzettel aushelfen.
- Während des Telefonats ist es wichtig, sich nicht ablenken lassen. Multitasking nebenher ist verboten, denn nachfragen, weil nicht zugehört wurde, ist eines der größten Ärgernisse für den Gegenüber, der leicht vermieden werden kann. Passiert es trotzdem, so entschuldigen Sie den Vorfall beim Gegenüber damit, dass Sie den letzten Part „akkustisch" nicht verstanden haben und fragen freundlich, ob er wiederholt werden kann.
- Nicht essen und trinken während dem Telefonat – vor dem Anruf noch ein Schluck trinken und dann zum Hörer greifen.
- Bei wichtigen Dingen stichpunktartig mitschreiben, wichtig für Telefonnotizen nach dem Telefonat.

Wortwahl, Stimmlage, Aussprache und Lautstärke:
Oft wird unterschätzt, wie wichtig nicht nur WAS gesagt wird ist, sondern auch WIE etwas gesagt wird. Eine tiefe Stimme wirkt selbstbewusst und beruhigend. Ebenso ist langsames und betontes Sprechen in einer moderaten Lautstärke zu empfehlen.

- Im Gespräch ist es wichtig, nicht emotional oder gar aggressiv zu werden, das Telefongespräch darf nicht persönlich genommen werden.
- Die Stimmlage sollte Freundlichkeit und Ruhe ausstrahlen – langsames und betontes Sprechen beruhigt den Gegenüber.
- Die Aussprache sollte klar und deutlich sein, Nuscheln oder sehr leises Sprechen führt zu nervigen Rückfragen.
- Die Wortwahl sollte nicht vulgär oder dilettantisch wirken (Kraftausdrücke oder Slangs sind zu vermeiden).

Das Telefonat:
Haben Sie den Hörer in der Hand, die richtige Telefonnummer gewählt und das Telefon wird abgenommen, geht das Gespräch los.
Das Telefonat gliedert sich dabei in drei Abschnitte, die Begrüßung, den Hauptteil und den Abschluss.
Die Begrüßung dient dazu, mit einem freundlichen ersten Eindruck das Gespräch zu eröffnen.

Im Hauptteil sollen auf sachliche Weise die zu klärenden Themeninhalte besprochen werden. Dazu eignet sich ein vorab erstellter Leitfaden.
Zum Abschluss sollte das Telefonat mit einer kurzen Zusammenfassung der besprochenen Inhalte und geplanten To-Do´s freundlich beendet werden.
Es empfiehlt sich im Nachgang dann direkt eine Telefonnotiz mit allen besprochenen Informationen und den geplanten To-Do´s und Verantwortungen zu notieren.

Begrüßung:

Die Begrüßung leitet das Telefonat ein. An oberster Stelle gilt hier, einen positiven ersten Eindruck zu vermitteln.

- Das Gespräch sollte mit einem freundlichen Hallo / Guten Morgen / Guten Mittag / Guten Abend begonnen werden (tageszeitabhängig).
- Sie sollten Ihr Gegenüber kennen und mit dem Nachnamen ansprechen. Ist der gewünschte Gesprächspartner nicht am Hörer, sondern beispielsweise eine Sekretärin, dann lassen Sie sich freundlich verbinden.
- Direkt im Anschluss an die Begrüßung, sollten Sie sich selbst vorstellen und evtl. auch Ihre Firma nennen, z.B. „Guten Mittag Frau ..., mein Name ist ... aus dem Kundenservice der Firma xy, schön Sie zu sprechen...“
- Dabei empfiehlt es sich, direkt auch den Grund des Anrufs zu nennen: „...ich rufe Sie an, bzgl. Ihrer Anfrage... Ihrer Frage zu Thema abc...“

- Was nicht notwendig ist, ist das Nachfragen „Wie geht es ihnen"… denn i.d.R. ist der Gesprächskontext im Voraus bereits klar, z.B. Preisverhandlung, Beschwerde, Supportanfrage, o.ä. Natürlich ist es aber auch nicht verboten.

Hauptteil:

Im Hauptteil geht es nun an die eigentliche Arbeit, hier werden die Hauptthemen des Telefonats besprochen.

- Als Prio Nummer eins gilt: Zuhören! Es klingt einfach, aber durch Ablenkung passiert es sehr schnell, dass Sie den Faden verlieren, vor allem dann, wenn Ihr Gegenüber lange Monologe führt. (Deshalb sollten Sie z.B. keinen Stift in der Hand drehen, oder auf einem Blatt herum malen, etc.).
- Nachfragen, wenn etwas unklar ist oder akustisch nicht verstanden wurde.
- Gegenüber sich vollständig erklären lassen und ausreden lassen.
- Beruhigen mittels Stimmlage und Zusprüchen, Verständnis zeigen: z.B. „Ja Herr / Frau … Sie haben Recht, ich verstehe Sie voll und ganz, da bin ich voll bei Ihnen, das kann ich verstehen… usw."
- Den Gegenüber öfter mit dem bekannten Namen ansprechen, also immer mal wieder statt nur „Sie" zu sagen, auch „Herr / Frau …" einbauen. Menschen hören gerne ihren eigenen Namen.

- Nur so viel sagen wie nötig, sich nicht verzetteln oder hineinreden lassen.
- Am erstellten Leitfaden bzw. an den vorab überlegten Fragen entlang hangeln.
- Sachlich bleiben → dem Kunden soll während eines freundlichen und sympathischen Telefonats effektiv geholfen und zur Seite gestanden werden.
- Bloß keine Flirtversuche oder probieren gekünstelt witzig zu sein, wenn es in der Situation absolut unpassend ist.
- Offene Fragen in Rücksprache klären und E-Mail nachsenden.
- Freundlich bleiben
- Notizen machen

<u>Abschiedsgruß:</u>
Der Telefonatsabschluss dient dem Ziel, einen abschließenden freundlichen und hilfsbereitschaften Eindruck zu hinterlassen.

- Zum Abschluss können Sie den Gesprächsinhalt in ein, zwei Sätzen zusammenfassen und das Gesprächsfazit noch einmal betonen.
- Beim Gegenüber für das konstruktive Telefonat bedanken.
- Das weitere Vorgehen kurz erläutern.
- Freundlich verabschieden: „Herr / Frau … danke für das konstruktive Gespräch, die besprochenen To-Do´s zur weiteren Vorgehensweise sende ich Ihnen per E-Mail. Ich wünsche Ihnen noch einen schönen Tag."

Bonustipps: Durch aufmerksames Zuhören kann am Ende auch ein persönlicherer Abschluss eingebaut werden. Hat der Gegenüber z.B. erwähnt, dass er oder sie ab Morgen Urlaub hat, dann ist es ratsam abschließend einen schönen Urlaub zu wünschen.

Tipps und Tricks um ein langwieriges Gespräch sinnvoll zu beenden/abzuwimmeln:

Natürlich sollte in einem Telefonat immer auf die Kundenwünsche eingegangen werden und bestmöglich Support geboten werden. Allerdings kann es vorkommen, dass Ihr Gegenüber sich verzettelt und das Gespräch kein Ende nimmt. Dann empfehlen sich folgende Taktiken:

- Bei sehr heiklen Gesprächen, z.B. einer Telefonkonferenz über Preisverhandlungen oder Reklamationsanliegen, sollte bereits vor dem Telefonat eine Agenda bekannt sein, die im Gespräch abgearbeitet wird.
- Nach Abarbeitung des eigenen Leitfadens und Klärung aller aufgelisteten Themen können Sie dann relativ zügig das weitere Vorgehen erläutern und zum Gesprächsende kommen – wichtig ist: wer fragt der führt und wer führt der beendet das Gespräch.
- Sie können zum Beenden des Telefonats auch einen Vorwand nutzen, z.B., dass Sie in 10min ein Meeting oder eine Versammlung haben. Besser ist es hierbei allerdings auf den Kundennutzen einzugehen, z.B. indem Sie betonen, dass es sinnvoll wäre das Gespräch jetzt zu beenden, so dass Ihr Gegenüber den wichtigen Folgetermin noch wahrnehmen kann.
- Auf die Vorteile des Gegenübers eingehen: „Herr / Frau ... ich melde mich bei Ihnen per E-Mail, dann haben Sie alle Informationen vorliegen... klingt das gut? Alles klar, dann

verbleiben wir so, ich bedanke mich bei Ihnen für das konstruktive Telefonat und wünsche Ihnen einen schönen Mittag…“

Bonus:
Was tun bei Anrufbeantworter, nicht erreichbarem Telefonpartner, aktiver Weiterleitung, Gegenüber legt einfach auf, etc.?

1. Dazu bieten sich folgende Möglichkeiten an:
    - Auf der Mailbox um einen Rückruf bitten
    - Noch einmal probieren anzurufen (ca. 15 Minuten später)
    - Eine E-Mail zum Thema schreiben und darin bereits den Sachverhalt klären, wobei es sich hierbei empfiehlt in dieser E-Mail ebenfalls um einen Rückruf zu bitten.
2. Wieso sollte man nach dem Gespräch eine Telefonnotiz erstellen?
    - Eine Telefonnotiz eignet sich sehr gut, um direkt nach dem Telefonat die wesentlichen Gesprächsinhalte stichpunktartig zusammen zu fassen. So ist klar aufgezeigt, welche Thematiken im Telefonat besprochen wurden, wie lange das Gespräch ging und wie das Telefonat im Allgemeinen ablief.
    - An folgenden Punkten kann sich orientiert werden:
        - Teilnehmer des Telefonats und Zeitdauer notieren.
        - Besprochene Themen und Themeninhalte zusammenfassen.

- Meilensteine, To-Do´s und Verantwortungen für das weitere Vorgehen können damit direkt im Anschluss geplant werden. Und für eventuelle Vertretungen sind die besprochenen Details ebenfalls griffbereit.
- Anschließend die Telefonnotiz an involvierte Personen verteilen, falls erforderlich.

3.2.2 E-Mails

Ziel:
Professioneller Kundenumgang in Bezug auf E-Mails, um Zeitaufwand bei Supportanfragen, Reklamationen und Rückfragen zu optimieren und Missverständnisse sowie Kundenunzufriedenheit bestmöglich zu vermeiden.

Mailing:
Seit der Einführung des Internets wird vor allem im Geschäftswesen sehr stark via E-Mails kommuniziert. Dabei verfasst der Absender A einen Text und sendet ihn per Internetübermittlung an Empfänger B. E-Mails können beantwortet, weitergeleitet, gespeichert, in Kopie versendet werden und mit Anhängen versehen werden (Bilder, Videos, PDFs). Heutzutage hat nahezu jeder Mitarbeiter eine eigene E-Mailadresse, Mailing ist ein fester Bestandteil im Geschäftsalltag.
Wichtig ist vor allem zu wissen, dass E-Mails, einmal gesendet, beliebig weitergeleitet und gespeichert werden können. Der Textinhalt kann also von beliebig vielen Personen gelesen werden.
In Bezug auf E-Mails ist nichts schlimmer als dass falsche Adressaten, fremde Personen oder weitere Personen in Kopie, Zugriff auf eine E-Mail mit kritischem Inhalt erhalten.
Deshalb ist es sehr wichtig, E-Mails emotionslos und rational zu verfassen.
Vorne weg deshalb einige Grundlagen bezüglich E-Mails mit kritischem Inhalt:

- Texte können beliebig interpretiert werden. Deshalb sollten Emotionen, Schuldzuweisungen, heikle Vermutungen, Unterstellungen und kritische Inhalte nicht in E-Mails verfasst werden. Vor dem Absenden sollten E-Mails dahingehend auf jeden Fall noch einmal gegengeprüft werden.
- Rechtschreibungs- und Grammatikfehler in E-Mails lassen sie laienhaft wirken und können sehr einfach als Angriffsfläche genutzt werden. Auch hier ist nochmal lesen vor dem Absenden sehr hilfreich.
- E-Mails sollten niemals in emotionsgeladenem Zustand verfasst werden. Möglicherweise wird der Text falsch aufgefasst oder weitergeleitet. Solche einen Fauxpas wieder gerade zu biegen ist nahezu unmöglich und die E-Mail bleibt im schlimmsten Fall für immer gespeichert. Konsequenzen daraus können zu Ärger, Kundenverlust oder einer Abmahnung führen.
- Als Alternative bieten sich in kritischen Situationen vorab klärende Telefonate an.

Weitere Probleme, die beim E-Mail-Verkehr auftreten können, sind folgende:
E-Mails verleiten dazu, statt zum Hörer zu greifen und zu telefonieren, lieber einen kurzen Text zu verfassen. Das ist passiver und erfordert weniger Überwindung. Auf den ersten Blick wirkt es zunächst einfacher einen Text zu verfassen als zum Hörer zu greifen. Deshalb sollte in kritischen Situationen immer zuerst das Telefonat in Erwägung gezogen

werden. Hierzu zählen beispielsweise Reklamationen, verärgerte Kunden und weitere Konfliktsituationen.
Erst im Anschluss an das Telefonat sollte eine E-Mail mit den besprochenen Themen verfasst werden.
Denn dadurch kann der Kunde persönlich abgeholt und beruhigt werden. Zusätzlich wird durch das erste Telefonat eine Art von Vertrauen und Bedeutung des Kundenanliegens suggeriert. Anschließend kann eine E-Mail erfolgen.
In reinen Informationsfällen und Supportfragen kann direkt die E-Mail verfasst werden.
E-Mails bieten den großen Vorteil, Informationen sachlich, strukturiert und direkt zu übermitteln. Dazu ermöglichen sie das Anhängen von zusätzlichen Dateien wie PDFs, Screenshots, Bildern oder kurzen Videos. Sprachbarrieren auf internationaler Ebene können leichter durchbrochen werden, da sich für das Schreiben einer E-Mail zum einen länger Zeit gelassen werden kann und Übersetzungstool für fehlende Wörter verwendet werden können. Dadurch kann mittels einer E-Mail sehr effektiv und effizient Informationsaustausch stattfinden.
Wie sieht eine gut formulierte E-Mail aus?
Gehen wir davon aus, dass Sie selbst keine allzu große Lust auf Reklamationsbearbeitung, verärgerte Kunden und Konfliktsituationen haben. Sie wollen die unangenehme Situation schnell lösen und dabei den Kunden zufrieden stellen, seine Zufriedenheit wiederherstellen und ihn im besten Fall begeistern.
Das klappt am besten, wenn die E-Mail einem klaren Ziel folgt: Den Kunden freundlich, lösungsorientiert, effektiv und effizient zufrieden stellen.

Im Folgenden wird das Verfassen einer E-Mail in fünf Schritten erläutert, sie lauten: Betreff, Anrede, Einleitung, Hauptteil und Schluss.
Abschließend wird beispielhaft eine vollständig formulierte E-Mail dargestellt.
Generell kann es nützlich sein, standardisierte E-Mail Phrasen zurecht zu legen, die man nur noch kopieren oder ausfüllen müssen, wie z.B. Rücksendeadressen, Fremdsprachensequenzen, o.ä. Die E-Mail sollte dennoch einen persönlichen Charakter aufweisen, so dass sich der Adressat, i.d.R. Kunde, gut aufgehoben fühlt und nicht denkt er wäre heute der Zehnte Mensch mit diesem Problem.

Betreff und Adressierung:
Der Betrefftext sollte eindeutig, lesbar und prägnant sein – der Empfänger ist i.d.R. Laie und sollte sofort wissen worum es geht

- Lange Antwortmerkmale vermeiden (z.B. Re, Aw)
- Ticket-, Service-, oder Vorgangsnummer nicht an den Anfang des Betreffs setzen
- Einheitliche Sprache – Kommunikation mit engl. Kunden auf Englisch, mit dt. Kunden auf Deutsch
- Kein unnötiger Wechsel zwischen Groß- und Kleinschreibung
- Den Inhalt im Betreff kurz, bündig und auf den Punkt gebracht verfassen

Nicht gut wäre diese Art von Betreff:

Betreff: *„Re:Re:Aw: RMA 2345 Kd. 0189234, Ref. 45078 Bericht zu Mängelrüge FAILURE DEVISE NOT WORKING“*

Besser ist diese Version:

Betreff: *„Rückmeldung zu Ihrer Ref. 45078 / RMA 2345“*

Die Adressierung sollte gut überlegt sein. Wer benötigt die Informationen? Muss jemand in Kopie (CC) eingefügt werden? Grundsätzlich gilt, die E-Mail an diejenigen Hauptpersonen zu senden von denen eine Bearbeitung notwendig ist und alle weiteren zu informierenden Personen in Kopie zu setzen.

<u>Anrede:</u>

Die Anrede leitet das Gespräch ein und sorgt für die erste Stimmung mit der der Empfänger den darauffolgenden Inhalt wahrnehmen wird. Vor allem wenn der nachfolgende Inhalt der E-Mail schlechte Neuigkeiten beinhaltet, sollte die Anrede so freundlich und umgänglich wie möglich sein (aber auch nicht kitschig).

- Persönliche statt distanzierte Anrede
- Automatisierte Anreden vermeiden – kein Herr/Frau Schneider, sondern eindeutig Herr Schneider bei Herr und Frau Schneider bei Frau
- Der Tageszeit angepasster Begrüßungsgruß weckt Vertrauen und Sympathie (Guten Morgen, Guten Mittag, Guten Abend)

Nicht gut wäre diese Art von Anrede:

Hallo Herr/Frau Schneider oder nur Herr/Frau Schneider

Besser ist diese Version:
Sehr geehrte Frau Schneider oder Guten Morgen Frau Schneider

<u>Einleitung:</u>
Bei der Einleitung direkt nach der Anrede gilt: In der Kürze liegt die Würze. Sie soll auf einfach formulierte Weise die wichtigsten Kernaussagen treffen und sich dabei voll und ganz freundlich und lösungsorientiert dem Kunden zuwenden.

- Für Anfrage bedanken: „Vielen Dank für Ihre Anfrage, aktuell ist Ihr Anliegen in Bearbeitung..."
- Lange, ausschweifende Formulierungen und unnötige Informationen vermeiden
- Ebenso Telegrammstil, also abgehakte, zusammenhangslose Satzphrasen vermeiden
- Unbekannte Abkürzungen vermeiden
- Nicht mit „Wir" oder „Ich" beginnen stattdessen „Ihr" oder „Sie" verwenden
- Ist der Kundenkontakt distanziert, lieber von „wir" statt „ich" sprechen. Erst im intensiveren Kontakt in die ich-Form übergehen
- Distanzierte Redewendungen wie „hiermit" oder „dieses Schreiben dient" vermeiden
- Auf die Kernaussage fokussieren und diese an den Anfang stellen

Nicht gut wäre diese Art von Einleitung:
„Guten Tag Frau Schneider, ich habe mit der IT gesprochen, die Überprüfung wird eingeleitet, aber das Problem Err 404 kann vorerst nicht behoben werden. Damit wir den Vorgang..."

Besser ist diese Version:
„Guten Tag Frau Schneider, die Systemstörung wurde an die IT weitergeleitet. Damit Ihr System schnellstmöglich wieder funktioniert, prüfen wir aktuell alle Möglichkeiten. Gehen Sie bis dahin bitte wie folgt vor...“

Hauptteil:
Der Hauptteil befasst sich mit dem Kundenproblem und bietet Lösungsvorschläge/Vorschläge zum weiteren Vorgehen an. Dabei ist es wichtig den Kunden in schwierigen Situationen zu beruhigen und mit den für ihn wichtigen Informationen auszustatten.
Tipps zu Struktur und Aufbau:

- Problem des Kunden erkennen und lösungsorientiert Abhilfe leisten
- Verständliche Sätze mit übersichtlichem Informationsgehalt: Eine Information pro Satz
- Zur Übersichtlichkeit Absätze einbauen
- Kurze, klare, prägnante Formulierungen
- Aktive, lösungsorientierte Formulierungen

Übersichtlichkeit behalten:
Sie sind der Service-Experte und haben sich im besten Fall bereits ausgiebig mit dem Kundenproblem auseinandergesetzt. Der Kunde hingegen hat zwar das Problem, versteht möglicherweise aber nicht alle Zusammenhänge.
Das ist beispielsweise dann der Fall, wenn der Service-Vorgang intern weitergleitet wurde und von einem Sachbearbeiter an Sie übermittelt wurde oder

wenn der Service-Vorgang von einem Endkunden über Ihren Kunden an Sie übermittelt wurde.
Wichtig ist es deshalb, sich in die Rolle des Kunden hinein zu versetzen und ihn bei seinem Wissenstand abzuholen.
Ausschmückende Details, zu viele oder gar Informationen mit denen sie sich in Schwierigkeiten bringen können sollten in der E-Mail vermieden werden. Dazu sind Telefonate und direkte Gespräche besser geeignet.
Über die Zeit haben sich in der Praxis einige Formulierungen durchgesetzt. Sie lassen die Service-Bearbeitung aktiv wirken. Im Folgenden sind einige Beispiele aufgeführt.

Allgemeine Formulierungstipps:

- Verben statt Substantive:
    - „senden“ statt „die Sendung erfolgt“
    - „berechnen“ statt „in Rechnung stellen“
    - „überprüfen“ statt „Überprüfung vornehmen“
- Positiv statt negativ formulieren:
    - „gerne bestellen wir die Teile für Sie…“ statt „leider haben wir die Teile nicht auf Lager“
    - „Sie“ statt „wir“ verwenden:
    - „Sie erhalten umgehend…“ statt „Wir liefern Ihnen…“
    - Zwang und Aufforderungsreden vermeiden:

    - „Bitte senden Sie uns…“ statt „Sie müssen…“
- Indikativ statt Konjunktiv:
    - „Wir freuen uns über eine Rückmeldung“ statt „Wir würden uns über eine Rückmeldung freuen“
- Moderne statt veraltete Sprache:
    - „Haben Sie weitere Fragen rufen Sie uns bitte an“ statt „bei weiteren Fragen stehen wir gerne zur Verfügung.“

Schluss:

Der Schluss dient dazu den Hauptteil final abzurunden. Dabei sollten die Informationen des Hauptteils nicht im Sand verlaufen, sondern das finale Vorgehen festgelegt werden. Beispielsweise indem Lösungsvorschläge angeboten oder weitere To-Do´s konkret aufgezeigt werden.

Abgerundet wird die E-Mail mit einem Sympathie erzeugenden Abschlussgruß.

Final sollte die E-Mail einmal komplett selbst durchgelesen werden, um Rechtschreibung und Grammatik zu prüfen. Möglicherweise wurde auch ein Wort verschluckt oder andere Fehler haben sich eingeschlichen.

Des Weiteren sollten angehängte Dateien (falls vorhanden) geprüft werden. Stimmen Dateiformat, Größe und Inhalt?

Wichtig ist zudem, dass die Empfängeradresse und die Adressen der in Kopie gesetzte Personen (falls vorhanden) korrekt sind.
Ist das alles erledigt, sollte abschließend noch einmal das Gesamtbild der kompletten E-Mail geprüft werden. Dabei ist es hilfreich sich innerlich diese Fragen zu stellen: „Wird die gewünschte Message die ich übermitteln möchte erreicht, komme ich sympathisch rüber und wie würde ich als Empfänger auf diese Nachricht reagieren?“ und „Sind Informationen oder Inhalte enthalten, die wenn weitergeleitet, Schaden anrichten könnten?“ Wenn diese Fragen mit „Ja“ beantwortet werden können und letztere mit „Nein“, dann kann auf „Senden“ gedrückt werden.

<u>Tipps:</u>

- Kernaussagen zusammenfassen
- Vorschläge für das weitere Vorgehen erläutern
- Persönlicher Abschiedsgruß (z.B. Herzliche Grüße)
- Rechtschreibung, Satzbau, Textaufbau und Grammatik prüfen
- Korrekte Empfängeradressen und Personen in Kopie prüfen
- Angehängte Dateien prüfen
- Das Gesamtbild prüfen – kommt die gewünschte Message eindeutig an?
- Sind Informationen enthalten die weitergeleitet Schaden anrichten können?

Zwei E-Mail-Beispiele:

Zum Abschluss sind nachfolgend zwei E-Mail Texte beispielhaft aufgezeigt. Beide E-Mails sind etwas abgewandelt dargestellt, könnten aber so ähnlich aus realen Servicefällen entstanden sein. Sie enthalten auf freundliche Weise, kurz, prägnant und lösungsorientiert geschrieben die Zusammenfassung des jeweiligen Servicevorgangs.

Mail 1:

Ausgangsszenario: Der Kunde sendete eine berechtigte Reklamation ein. Da es sich um eine berechtigte Reklamation mit Funktionsdefekt handelte, wurde ein Telefonat mit entgegengebrachtem Verständnis und Schilderung des Anliegens zur Deeskalation und zum Vertrauensaufbau geführt. Als festgestellt wurde, dass der Kunde ruhig reagierte, aber schnell Ersatz braucht, wurde ein E-Mail mit den weiteren Handlungsmaßnahmen verfasst. Dem Kunden wird dadurch auf freundliche Weise, klar strukturiert, kurz und prägnant der Vorgang und das weitere Vorgehen erklärt. Die E-Mail lässt wenig Raum für offene Fragen und beendet den Servicevorgang

> Guten Morgen Frau/Herr [*Namen einfügen und anpassen*],
>
> vielen Dank für Ihre Anfrage. Aktuell ist Ihr [*Anliegen*] weitergeleitet und wird von der Qualitätssicherung bearbeitet.
>
> Vorab teile ich Ihnen wie bereits telefonisch besprochen mit, dass Sie ein kostenfreies [*Ersatzprodukt*] erhalten.
>
> Bitte entschuldigen Sie noch einmal die Unannehmlichkeiten.
>
> Bei Fragen bin ich jeder Zeit für Sie erreichbar, viele Grüße,

indirekt selbst, auf kundenorientierte und sympathische Art und Weise.

Mail 2:

Ausgangsszenario: Der Kunde sendete ein defektes Produkt ein, ein selbst beschädigtes Werkzeug, dies wurde überprüft und schnelle Abhilfe geleistet.
Auch diese E-Mail ist ähnlich aufgebaut wie die erste.
Der Hauptteil enthält auf übersichtliche Weise kurz und prägnant alle wichtigen Informationen.
Der Inhalt des PDF im Anhang wird zusammengefasst beschrieben und das weitere Lösungsvorgehen konkret dargelegt.

Servicevorgang: [*einfügen*]

Ihre Referenz: [*einfügen*]

Guten Morgen Herr/Frau [***Namen einfügen und anpassen***],

anbei erhalten Sie das Ergebnis zu Ihrem Servicevorgang, inklusive Untersuchungsbericht (PDF im Anhang).

Untersuchungsergebnis:

Der Produktdefekt konnte nachgestellt werden. Vermutlich handelt es sich bei der Ursache um eine mechanische Überlastung des Werkzeuges. Details können dem angehängten Untersuchungsbericht entnommen werden.

Da die Ausfallursache des Werkzeuges nicht durch unsere Gewährleistung abgedeckt wird, empfehle ich Ihnen eine Neubestellung.

Da wir Sie als Kunden schätzen, erhalten Sie von mir einen persönlichen Rabattcode für eine Neubestellung [***Rabattcode einfügen***].

Bei Fragen können Sie sich jeder Zeit melden.

Herzliche Grüße,

Zusammenfassung: Grundlagen für den sicheren E-Mail-Verkehr mit Kunden:

1. Klar und deutlich formulierter Betreff
2. Persönliches statt distanziertes Anschreiben (Guten Tag Herr...)
3. Im Hauptteil kurz und bündig, aktiv lösungsorientiert schreiben
4. Sätze nicht mit „Ich“ oder „Wir“ beginnen, besser ist „Sie“
5. Zum Schluss Lösungsvorschläge anbieten und Offenheit vermitteln
6. Generell gilt: Kunde Mehrwert bieten und für positive Stimmung sorgen

Bonus: E-Mails zurückholen oder ersetzen (Outlook)

E-Mails können dann zurückgeholt werden, wenn sie vom Empfänger noch nicht gelesen wurden. Das heißt die E-Mail kann bereits auf dem System des Empfängers angekommen sein, wichtig ist, dass er sie aber noch nicht geöffnet hat.

Die Schritte zum zurückrufen oder ersetzen einer E-Mail in Outlook:

1. Auf der linken Seite den Ordner „gesendete Elemente“ auswählen

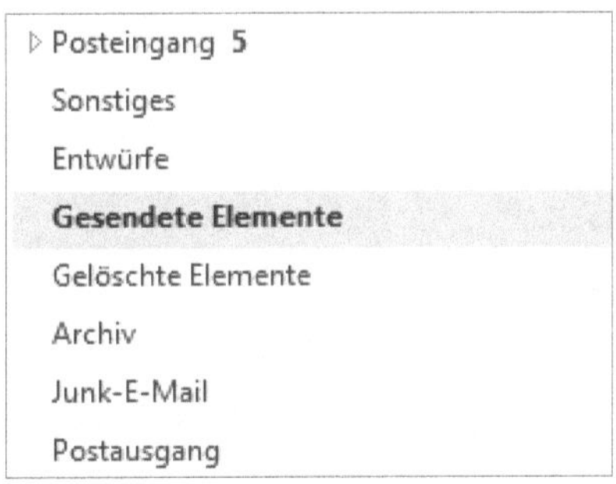

2. Die E-Mail die zurück gerufen werden soll per Doppelklick öffnen

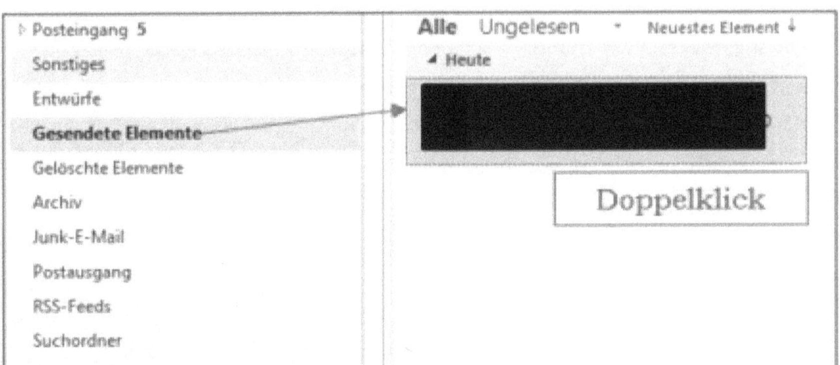

3. In der geöffneten Nachricht den Reiter „Aktionen“ auswählen und darin auf „Diese

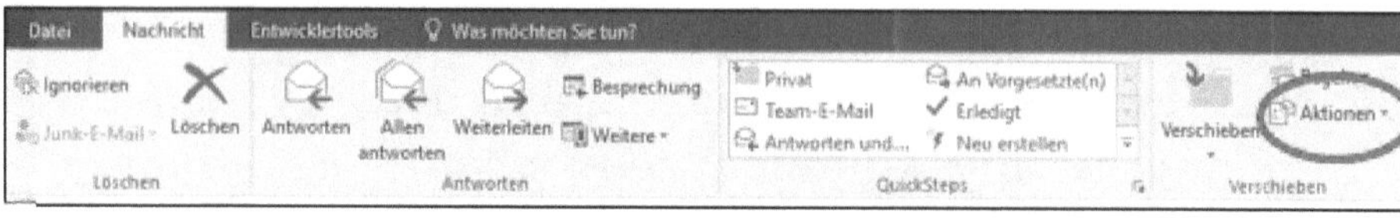

Nachricht zurückrufen“ klicken

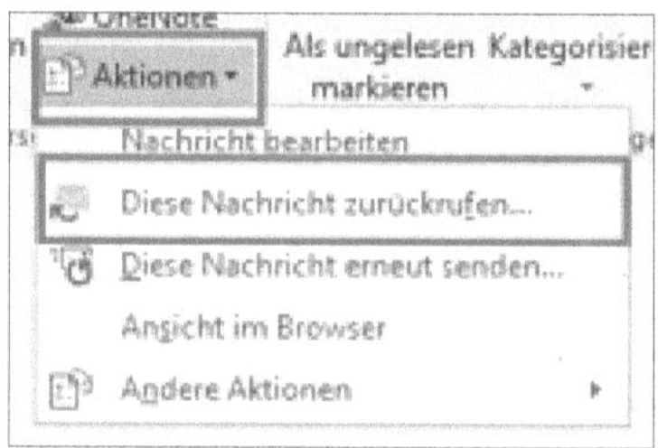

4. Ein Fenster öffnet sich, darin das Feld „Ungelesene Kopien dieser Nachricht löschen“ oder „Ungelesene Kopien durch eine neue Nachricht ersetzen“ auswählen und mit ok bestätigen.

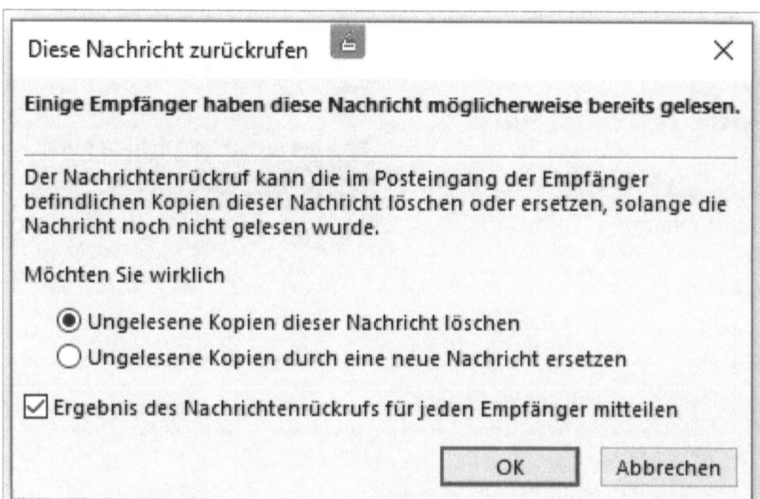

5. Haben Sie das Feld „Ungelesene Kopien durch eine neue Nachricht ersetzen“ angewählt, können Sie nun noch eine Ersatznachricht verfassen und absenden.
6. War der E-Mail Rückruf erfolgreich, erhalten Sie eine Bestätigungsmail von Outlook und die Nachricht wurde aus dem Posteingang des Empfängers entfernt. Wurde die Nachricht beim Empfänger bereits als gelesen markiert, wird der Empfänger informiert, dass sie als Absender die Nachricht löschen möchten.

3.2.3 Direkte (Konflikt-)Gespräche

Ziel:
Professioneller Kundenumgang in persönlichen Konfliktgesprächen um Zeitaufwand bei Service- und Supportanfragen und Reklamationen im Kundenkontakt zu sparen und dadurch Kundenunzufriedenheit bestmöglich zu vermeiden. Dem Kunden soll während eines freundlichen und sympathischen Gesprächs effektiv geholfen und zur Seite gestanden werden. Nach dem Gespräch soll der Kunde beruhigt und mit allen nötigen Informationen versorgt worden sein.

Instrumente im Kundenservice:
Heutzutage eignen sich drei übergeordnete Mittel um mit Kunden in Kontakt zu treten, bzw. für Kunden um mit ihnen in Kontakt treten zu können.
Zum einen gibt es die beiden Medien E-Mail und Telefon, zum anderen gibt es das persönliche Gespräch. Da es im Wesentlichen um die Thematiken bei Konflikt- und Konfrontationsgespräche gehen soll, wird im Folgenden diese Situation fokussiert.

Das persönliche Gespräche:
Das persönliche Gespräch ist die Königsklasse, es zeichnet sich durch eine direkte Konfrontation mit dem Gesprächspartner aus. In der Regel sitzt oder steht der Gesprächspartner direkt gegenüber, umgangssprachlich bekannt als „4-Augen-Gespräch“.
Im Gegensatz dazu sind E-Mails und Telefonate sehr distanziert. Bei diesen beiden

Kommunikationsmethoden kann sich der Kommunikationspartner theoretisch am anderen Ende der Welt befinden. Wohingegen beim persönlichen Gespräch der Gesprächspartner in greifbarer Nähe ist (Ausnahme: Videokonferenz).
Persönliche Gespräche laufen je nach Charaktertyp der anwesenden Kommunikationspartner entweder freundlicher oder direkter ab als die distanzierteren Kommunikationsmethoden Telefonat und E-Mail.
Problematisch wird es, wenn ein Gesprächspartner deutlich extrovertierter ist, dann kann ein persönliches Gespräch sehr schnell einseitig dominiert werden.
Dennoch gilt, dass Sachverhalte im direkten Gespräch persönlicher, einfühlsamer und diskreter besprochen werden können.
Solange nicht mitgeschrieben wird oder das Gespräch gefilmt / aufgezeichnet wird, wissen nur die anwesenden Personen über was gesprochen wurde.
Dadurch wird „Tacheles" reden häufiger verziehen. Wenn zudem von vornerein festgelegt wird, dass es sich um ein vertrauliches Gespräch handelt, können brisante Themen sehr diskret besprochen werden.
Es kann sofort auf das Gegenüber eingegangen werden. Auf eine Aktion kann direkt eine Reaktion folgen. Stolperstein dabei ist, dass man im Gesprächsverlauf oft gezwungen wird, spontan zu reagieren.
Zusätzlich spielen in keiner anderen Kommunikationsmethode Gestik und Mimik eine derart übergeordnete Rolle.

Während bei Telefonaten die Sprache an sich und bei E-Mail vor allem die Wortwahl und der Satzbau im Fokus stehen, spielen in persönlichen Gesprächen alle Facetten mit hinein. Sowohl Gestik und Mimik, Sprache, Tonlage, Wortwahl, Geruch, Auftreten und viele weitere Äußerlichkeiten wirken in die Situation mit ein.
Deshalb sollte im persönlichen Gespräch auf all diesen Ebenen Professionalität vermittelt werden, um das Ziel Kundenzufriedenheit zu erzeugen meistern zu können.
Abschließend ist es im persönlichen Gespräch wichtig, sich Zeit für das Anliegen des Gegenübers zu nehmen, Sie sollten vollständig im Moment sein und sich voll und ganz auf die zu besprechenden Gesprächsthemen des Gegenübers konzentrieren.

Stärken des persönlichen Gesprächs:

- Direkte Aktion/Reaktion möglich
- Diskrete Kommunikation möglich – vertrauliche Themen sind einfacher zu besprechen
- Vollständiger Fokus auf das Kundenanliegen möglich: Freundlich, lösungsorientiert Problem lösen
- Neben den Gesprächsinhalten kann mit Auftreten, Stimmlage, Wortwahl, Kleidung, Mimik, Gestik, etc. gearbeitet werden

Schwächen des persönlichen Gesprächs:

- Dominante Gesprächspartner können einschüchternd wirken

- Zeit und Lokalität: Beide Parteien müssen sich zur selben Zeit am selben Ort befinden
- Das Gesamtpaket muss stimmen: Auftreten, Stimmlage, Wortwahl etc. können das Gespräch optimieren, allerdings kann dadurch auch Professionalität verloren gehen
- Spontane Reaktionen
- Begrenzte Anzahl Teilnehmer möglich

Im Folgenden wird auf die drei Gesprächszeitpunkte Gesprächseröffnung, Hauptteil und Abschluss explizit eingegangen.

Gesprächseröffnung:

In der Gesprächseröffnung zählt der erste Eindruck. Menschen machen sich innerhalb der ersten Sieben Sekunden ein Bild des Gegenübers, unterbewusst.
Stärker als in Telefonaten oder E-Mails sollten Sie deshalb einen starken Fokus auf den ersten Eindruck legen.
Als erste Grundvoraussetzung dazu dient eine freundliche Begrüßung.
Dazu gehören sympathisches und adrettes Auftreten und ein freundliches Lächeln.
Optimiert wird das erste Erscheinungsbild durch saubere, passende Kleidung, ein gepflegtes Äußeres und moderat aufgetragenes Parfüm.
Da im persönlichen Gespräch Gestik, Mimik und Haptik eine übergeordnete Rolle spielen, ist zur Begrüßung ein angenehmer Händedruck sinnvoll. Dabei sollte darauf geachtet werden, dass man dem

Gegenüber in die Augen schaut während man die Hand schüttelt.
Sind Sie selbst der Gastgeber, bzw. befindet sich der Kunde in Ihrem Geschäft, Büro, etc. bieten Sie im einen Platz und etwas zu trinken an. Großzügige Gesten zeugen von Hilfsbereitschaft.
Alle weiteren Formen der Höflichkeit wie z.B. Tür aufhalten können ebenfalls genutzt werden. Zuvorkommend sein strahlt Sympathie aus, übertreiben Sie es aber nicht. Alles sollte in moderatem Maße geschehen. Zu dick auftragen lässt Sie unterwürfig wirken.

Hauptteil:
Nach wie vor steht im Kundenservice die Problemlösung des Kunden an oberster Stelle.
Nach der einleitenden Begrüßung sollten Sie dem Kunde Raum geben, sein Anliegen detailliert zu schildern, wenn nötig in aller Ausführlichkeit.
Seien Sie sich bewusst, dass der Kunde ein Problem hat, das für ihn eventuell sehr wichtig ist und unbedingt gelöst werden muss. Möglicherweise ist er deswegen sehr emotional und aufgebracht, deshalb sollten Sie ihn sich wenn nötig aussprechen lassen. Wichtig ist für Sie dabei eine grundlegende Sache: Zuhören.
Hören Sie aufmerksam zu, schreiben Sie falls erforderlich mit und lassen Sie den Kunden einfach erstmal reden.
Nach und nach können Sie beginnen Rückfragen zu stellen, so dass der anfängliche Monolog des Kunden nach und nach in einen Dialog übergeht.

Dabei können Sie dem Kunden zunächst positiv zu reden, ihm gegebenenfalls zustimmen und ihn beruhigen falls nötig. Zeigen Sie Verständnis für sein Anliegen.
Benutzen Sie selbst positive Umschreibungen und nette Wörter und sprechen Sie mit einer ruhigen Stimmlage.
Beispielsweise können Sie statt Wörter wie „wütend" oder „ärgerlich" Umschreibungen wie „minimal gereizt" oder „spannende Herausforderung" verwenden.
Sie werden merken Ihr Kunde wird sich nach und nach beruhigen.
Entwickelt sich ein Dialog, können Sie beginnen gemeinsam zu brainstormen und eine Lösung für das geschilderte Kundenproblem auszuarbeiten.
Fragen Sie sich, was möchte der Kunde und was kann ich als Verkäufer möglich machen.
Wichtig ist dabei die Regel: „Wer fragt der führt." Damit Sie das Gesprächszepter in der Hand halten, sollten Sie deshalb denn Kunden zu seinem Problem befragen.
Anschließend gilt es, Maßnahmen für Lösungsvorschläge zu unterbreiten.
Sollte es auf Anhieb nicht gelingen konkrete Lösungsvorschläge zu liefern, dann notieren Sie sich das Kundenanliegen.
Sie können den Kunden damit vertrösten, dass Sie den Vorgang intern abklären müssen oder weitere Kompetenzpersonen oder Recherchezeit benötigen.
Im kompletten Gesprächsverlauf gilt, Höflichkeit ist das A und O und nehmen Sie das Problem des Kunden niemals persönlich.

Wie bereits angesprochen, gilt es sich im Gesprächsverlauf komplett auf das Problem des Kunden zu konzentrieren, sich nicht ablenken zu lassen, sondern vollständig im Moment zu sein. So schaffen Sie es am besten, dem Kunden lösungsorientiert Hilfe zu leisten.
Um dabei ein nicht enden wollendes Gespräch zu vermeiden, bietet es sich vorab an, eine Agenda mit den Gesprächsthemen sowie ein Termin mit Anfangs- und Endzeit festzulegen, sofern das Kundengespräch vorab planbar ist.

Gesprächsabschluss:
Um zum Gesprächsende hinzuleiten, hören Sie auf, Fragen zu stellen und beginnen Sie damit, die besprochenen Themen nach und nach zusammenzufassen. Unabhängig davon, ob bereits eine Lösung erzielt werden konnte, erst Vorschläge zur Lösungsfindung gebrainstormt wurden oder auf weitere Recherche/Absprache verwiesen wurde, können Sie ein Gesprächsfazit schließen und zum weiteren Vorgehen übergehen.
Fassen Sie das Gespräch zusammen und führen Sie wenn nötig die weiteren To-Do´s auf. Sie können dem Kunden beispielsweise das weitere Vorgehen schildern, erklären, dass Sie sich mit weiteren Informationen nach interner Rücksprache per E-Mail melden oder mitteilen, dass Sie sich in den nächsten Tagen mit einer detaillierten Ausarbeitung eines Lösungsvorschlages melden.
Nach Abschluss des Kundengesprächs, sollten Sie sich für das lösungsorientierte Gespräch bedanken.

Soweit keine weiteren Fragen seitens des Kunden mehr offen sind, verabschieden Sie sich freundlich. Auch zum Schluss gilt Höflichkeit und Eindruck sind das A und O, deshalb bietet es sich an, den Kunden bis zum Ausgang zu begleiten.
Ebenfalls ist ein Händedruck zum Abschied sinnvoll. Der Abschied dient neben dem Gesprächsinhalt und der damit einhergehenden Lösungsfindung dazu, einen bleibenden Eindruck zu hinterlassen, zeigen Sie bis zum Ende Freundlichkeit und Hilfsbereitschaft!

Bonus:
1. Es wurde bereits erwähnt, dass im persönlichen Kundengespräch nicht nur Gesprächsinhalt und Sprache wichtig sind, sondern auch Auftreten, Gestik, Mimik, uvm. Der Mensch hat fünf Sinne die alle angesprochen werden können. Ist das persönliche Kundengespräch vorab planbar, achten Sie auf eine positive Atmosphäre. Lüften Sie vorab den Raum, schalten Sie die Lichter an und sorgen Sie für ein gutes Raumklima. Ebenso können Sie Essen und Trinken (Kaffee) bereitstellen und nach der Begrüßung anbieten. Das verleiht Ihnen auf Anhieb mehr Sympathie und lässt das Gespräch gemütlicher wirken.
2. Zum Gesprächsabschluss können Sie Goodies wie Stifte, Gummibärchen, USB-Sticks, Notizblöcke, etc. als Extra zum Abschied verschenken. Eine kleine Aufmerksamkeit, die einen bleibenden Eindruck manifestiert.

4 Die 10 Gebote für herausragende Kundenzufriedenheit

1 (Der zahlende) Kunde ist König

Ein geläufiges Sprichwort sagt „Der Kunde ist König“. Grundsätzlich ist diese Aussage auch weitestgehend in Ordnung, schließlich benötigen Unternehmen, egal ob sie Warengüter oder Dienstleistungen verkaufen, Kunden die entsprechend bereit sind Geld auszugeben. Letzteres ist der springende Punkt, Sie benötigen ZAHLENDE Kunden.

Ich schreibe das extra in Großbuchstaben, weil das die Grundessenz ist. Das Hauptziel eines Unternehmens ist die Gewinnmaximierung. Das Einmaleins der Betriebswirtschaftslehre sagt aus Gewinn = Umsatz – Kosten.

Gemäß dieser Formel benötigt ein Unternehmen Umsatz. Dieser wird durch zahlende Kunden generiert und diese werden wiederum durch Vertrieb, Marketing und allumfassende Kundenbetreuung gewonnen und gehalten.

Kundenservice dient in allen Ebenen des Verkaufsprozesses dazu, Kunden zu gewinnen und anschließend zu halten.

Die Neukundengewinnung erfolgt durch Vertriebsprozesse, Marketing (z.B. anhand der mentalen Erregungsstufen), auf Empfehlung, Einzigartigkeit am Markt und weiteren Methoden zur Kundenakquise.

Bestandskunden zu halten erfolgt dadurch, kontinuierlich die Kundenerwartungen an den

dahingehenden, tatsächlich eintreffenden Istzustand nach dem Verkaufsprozess anzugleichen.
Egal ob Produkt oder Dienstleistung, die Qualität, die Liefertreue sowie die Kundenberatung sollten zu jeder Zeit stimmen.
In Service-, Support-, und Reklamationsanfragen sollten Sie immer lösungsorientiert und freundlich den Kunden beruhigen und für Abhilfe sorgen.
Bauen Sie hier und da einige Bonusgoodies und Begeisterungselemente ein, sollte sich das in hoher Kundenzufriedenheit wiederspiegeln.
Beachtet man dabei die eben genannte Formel Gewinn = Umsatz – Kosten, ist allerdings eine Sache zu bedenken. Übersteigen die Kosten den Umsatz entstehen Verluste.
Auf das Geschäft im Kundenservice bezogen bedeutet das, wenn ein Kunde ständig mit unberechtigten Reklamationen, Beschwerden und langen Supportanfragen anfrägt aber kaum Waren und Dienstleistungen abnimmt, also mehr Kosten als Gewinn durch ihn entstehen, sollte sich überlegt werden ob dieser Kunde überhaupt zum Unternehmen passt.
Generell ist zu beachten, dass sowohl die Neukundengewinnung als auch die Bearbeitung von Reklamationen und Beschwerden in After-Sales-Anliegen mit hohem Kostenaufwand im Vergleich zu den erzielenden Gewinnen stehen.
Neukundenakquise benötigt oft einen hohen Kapitalaufwand in Form von Marketing. Vertrieb, Werbemaßnahmen und Kundenbetreuung, sorgen allerdings dafür, dass Sie potenzielle Interessenten anziehen und nach und nach Kunden gewinnen.

After-Sales-Anliegen, vor allem Reklamationen, benötigen ebenfalls einen hohen Kapitalaufwand, verbessern aber in berechtigten Fällen ihr Produkt/Dienstleistung und sorgt dafür, dass entsprechende Bestandskunden nicht abwandern, vorausgesetzt Ihre lösungsorientierte und freundliche Kundenbetreuung funktioniert.
Benötigt nun ein Kunde einen überdurchschnittlichen Kundenbetreuungsaufwand, setzt aber keinen oder so gut wie keinen Umsatz um, sollte einige Überlegungen getroffen werden.

- Welches Potential hat der Kunde? Wie viel Produkte / Dienstleistungen könnte er innerhalb der nächsten zwei Jahre von mir beziehen und ist er dabei zahlungsfähig?
- Wie stark ist mein Unternehmen aktuell ausgelastet? Sich ausreichend Kapazitäten für die verstärkte Kundenbetreuung verfügbar oder sollte die vorhandene Kapazität besser auf bestehende Kunden fokussiert werden.
- Wie sieht die rechtliche Lage aus? Sind berechtigte Reklamationsvorgänge und Gewährleistungsansprüche offen)
- Passt der potenzielle Kunde zu mir? Möchte ich diesen Kunden in der Zukunft als Bestandskunden?
- Wie vernetzt ist der Kunde mit weiteren Kunden von mir, hat er einen hohen Einfluss?

Diese Fragen sollten beantwortet werden, um herauszufinden, ob sich ein Kunde der viel Arbeit macht auch tatsächlich lohnt. Vor allem den letzten Punkt „passt der Kunde zu mir“ ist essentiell.

Stellen Sie sich vor Sie haben einen Kunden vor der ständig anruft, bei jeder Kleinigkeit Support benötigt, immer priorisiert behandelt werden will, eventuell unangenehm oder sogar unfreundlich werden kann und Sie das Gefühl haben er lagert seine Entwicklungs- oder Vertriebsabteilung auf Sie aus. Wenn dieser Kunde kaum Umsatz generiert und nur Zeit frisst, sollte sich anhand der obigen Fragen entschieden werden, ob mit diesem Kunden zukünftig weitergearbeitet werden soll oder ob Ihre kostbare Zeit nicht besser bei anderen, zahlungsfreudigeren Kunden eingesetzt werden sollte. (Natürlich müssen dabei zwangsläufig die rechtlichen Aspekte beachtet werden, Reklamationsvorgänge oder Gewährleistungsansprüche sollten nicht mehr offen sein.)

Denn stellen Sie sich auf der anderen Seite einen Kunden vor, der stetig als Bestandskunde Waren einkauft, nur bei großen Problemen anruft und Abwicklungen routiniert und einfach ablaufen.

Klarer Fall, dass letzterer Kunden die erste Wahl ist.

Deshalb gilt, der zahlende Kunde ist König und um zahlende Kundschaft zu erhalten, ist guter Kundenservice in jedem Abschnitt des Verkaufsprozesses und auch danach im After-Sales sehr wichtig.

2 Qualität wird vorausgesetzt

Das zweite Gebot befasst sich mit der Tatsache, dass Qualität vorausgesetzt wird.

Durch das Internet ist es nahezu von überall auf der Welt aus möglich, zu fast allem eine Bewertung im Internet abzugeben und umgekehrt einzuholen.

Seien es Produktbewertungen, Anzahl verkaufter Produkte, Händlerbewertungen auf Verkaufsplattformen und weitere Kundenmeinungen, Rezessionen etc.

Spätestens seit der Suchmaschine Google ist fast das gesamte Wissen der Menschheit im Internet zu finden und binnen Sekunden weltweit abrufbar.

Produkte, Dienstleistungen, Händler, Verkäufer, Verkaufserlebnisse – alles wird im Internet bewertet.

Eigens vorhandene Internetseiten, wie z.B. Check24 oder günstiger.de bieten Preisvergleiche für eine Vielzahl an Produkte an. So können mittels weniger Klicks unzählige Versicherungen, Produkte, Mietwägen, etc. verglichen werden.

Urlaubsportale wie booking.com oder HolidayCheck bieten Reisereviews und Hotelvergleiche an.

Auf Youtube können ganze „Unboxing" Videos, Produktreviews, Produktvergleiche, etc. angesehen werden.

Und überall können Kundenreviews, Kommentare und weitere Meinungen gelesen und angeschaut werden.

Gleichzeitig werden Unternehmen dadurch indirekt zu einer Onlinepräsenz gezwungen. Ohne Landing Page, Webseite oder Onlineshop ist im stetigen

Konkurrenzkampf eine Onlinepräsenz fast unumgänglich.
Durch diese hohe, für jeden potenziellen Käufer, zugängliche Transparenz, ist Qualität kein Statusmerkmal mehr. Qualität wird stillschweigend vorausgesetzt.
Im Onlinekauf entscheiden vor allem Popularität, Durchschnittsbewertungen und Preise um Kunden zu gewinnen.
Um Kunden als Bestandskunden zu halten, benötigt man anschließend eine kontinuierlich freundliche, schnell erreichbare, kompetente und hilfsbereite Kundenbetreuung.
Im Umgang mit Beschwerden und Reklamationen die die Qualität eines Produktes oder eine Dienstleistung betreffen, sollte deshalb verstärkt Vorsicht geboten werden.

Was bedeutet Qualitätsmangel für Unternehmen?
Während Qualität stillschweigend vorausgesetzt wird sind Qualitätsmängel ein Garant für negative Reputation. Genauso wie gute Kundenbewertungen im Internet einsehbar sind, so sind es auch negative Kundenerfahrungen.
Mangelnde Qualität wird direkt und ungeschminkt kommuniziert, z.B. in Kundenrezensionen oder negativer Mund-zu-Mund Propaganda.
Nicht selten kommt es vor, dass große Rückrufaktionen, Skandale und Unfälle die infolge von Qualitätsmängel entstanden sind, noch jahrelang am Unternehmensimage nagen.
Die Boeing 737 MAX Unfälle im Frühjahr 2019 sorgten beispielsweise für ein komplettes Flugverbot

der 737 MAX Flotten und einen darauffolgenden massiven Kursverlust der Boeingaktie.
An der Automobilbranche ist ebenfalls erkennbar, welches Ausmaß Qualitätsmängel mit sich bringen. Nicht nur hinsichtlich Rückrufaktionen, sondern auch anhand der Verschleierungsmethoden die zum Vertuschen angewendet werden (Bsp. Diesel- und Abgasskandale).
Oft erleiden Unternehmen die wissentlichen Qualitätsmängel an Produkten und/oder Dienstleistungen haben und diese nicht beseitigen, langfristig an Imageschäden, gefolgt von wirtschaftlichen Einbußen bis hin zu langwierigen Gerichtsprozessen, sobald diese aufgedeckt werden.
Um dem vorzubeugen, gilt es als Unternehmen, vollumfängliches Qualitätsmanagement zu betreiben, z.B. in Form von Wareneingangskontrollen, Lieferantenbewertungen, Materialkontrollen, Stichproben in der Fertigung, Endkontrollen, etc. Indirekt sind diese Qualitätsprüfungen auch Formen von Kundenservice, um stetig gute Qualität liefern zu können.

Was bedeutet Qualitätsmangel für Kunden?

Jeder der privat oder geschäftlich schon einmal Probleme mit einem Produkt oder einer Dienstleistung hatte kennt das Gefühl von Verärgerung und Enttäuschung, wenn die Erwartungen an ein Produkt nicht eintreffen sondern durch Qualitätsmängel getrübt werden.
Stellen Sie sich vor, Sie haben ein paar neue Schuhe bestellt. Sie freuen sich auf Ihr Paket und als es ankommt, stimmen die Farbe und Größe nicht.

Um das Geld erstattet zu bekommen, muss eine Rücksendung erfolgen, eine Serviceperson angeschrieben werden oder weitere Abwicklungen stattfinden.
Diese Vorgänge kosten Zeit und Nerven, geschweige denn von der Enttäuschung die auf die vorangegangene Vorfreude gefolgt ist.
Schlimm wird es dann, wenn mit dem Produktmangel weitere Zusammenhänge ins Stocken geraten.
Was ist, wenn beispielsweise die Schuhe ein Geschenk für Ihre Freundin übermorgen waren oder Sie sie für den in Kürze anstehenden Urlaub benötigt hätten?
Dann ist der Ärger und Stress noch einiges größer.
In der Unternehmenswelt skaliert sich das noch stärker, so kann beispielsweise eine mangelhafte Komponente den Ausfall einer ganzen Produktionsanlage hervorrufen, deren Bandstillstand wirtschaftlich horrende Ausmaße hat.
Gerade in der Automobilindustrie sind Bandstillstände das pure Grauen.
Nicht selten kommt es vor, dass Ersatzteile per Helikopter so schnell wie möglich angeliefert werden um finanzielle Folgeschäden zu umgehen.
Kunden können ihre Negativerfahrungen mit Produkten und Dienstleistungen im Internet direkt kundtun oder per Mund-zu-Mund Propaganda verbreiten.
Im ersten Fall, der die Privatperson betrifft wären das negative Äußerungen zum Schuhverkäufer im Freundeskreis und eine eventuelle schlechte Kundenbewertung auf der Verkaufsseite.

Im zweiten Fall, der das Automobilzulieferunternehmen betrifft, wären das Telefonkonferenzen mit Führungskräften des Automobilherstellers, gefolgt von vertraglichen Anpassungen und negativen Lieferantenbewertungen mit wirtschaftlichen Folgen.

Fazit: Qualität ist unverzichtbar und Qualitätsmängel müssen innerhalb der Garantie- und/oder Gewährleistungszeit umgehend beseitigt werden.

Fällt in einer Reklamation ein Qualitätsmangel auf, sollte zum ersten der Kundenservice des eigenen Unternehmens sofort erreichbar sein, z.B. über eine Serviceadresse auf der Webseite oder eine Hotline.

Seitens des Kundenservice sollten Service- und Supportfragen dabei umgehend besprochen werden und lösungsorientiert Abhilfe eingeleitet werden.

Teilt der Kunde mit, dass der Qualitätsausfall für ihn kaum tragbar ist und er dringend ein Ersatzteil benötigt, sollte seitens des Kundenservices sofort ein Ersatzprodukt kostenlos binnen 24h zur Verfügung gestellt werden, wenn nötig per Express.

Um den Kunden anschließend zu begeistern, kann der Kunde bis zum Erhalt der Ersatzware stetig über den Sendeverlauf per Trackingnummer informiert werden.

Interne Untersuchungen und Lösungen können, wenn der Kunde es wünscht, ebenfalls im Nachgang an die Lösungsfindung übermittelt werden.

Zum Abschluss können besondere Aufmerksamkeiten wie kleine Geschenke, Rabattcodes, Angebote für Zusatzleistungen, etc. erfolgen und nach einiger Zeit nachgefragt werden,

ob die Ersatzware erhalten wurde und nun alles in Ordnung ist.
Qualität ist unverzichtbar, treten Qualitätsmängel ein gilt es diese umgehend nachzuverfolgen, ausfindig zu machen, abzuschalten und dem Kunden dabei so kulant und hilfsbereit wie möglich zu begegnen.

3 Empathie: Versetzen Sie sich in den Kunden hinein

Empathie ist der Begriff für die Fähigkeit, sich in andere Menschen, Umstände als auch die inneren Gefühle hinein zu versetzen.

In den After-Sales-Anliegen Beschwerden und Reklamationen sind Kunden häufiger als in anderen Kundenservice Tätigkeiten aufgebracht, unter Zeitdruck, gestresst oder gar aggressiv.

Wenn Sie das von vornerein in der Kundenbetreuung wissen, fällt es Ihnen leichter, Kundenärger zu verstehen und Reaktionen emotionsgeladener Kunden nicht persönlich zu nehmen.

Stellen Sie sich folgendes Szenario vor:

Ein Kunde hat bei Ihnen im Elektrogeschäft ein Gerät gekauft, das bei ihm Zuhause nicht funktioniert. Verärgert bringt er es in den Laden zurück und ist dabei wutgeladen. Er fängt dort an sich in lautem Tonfall zu beschweren.

Im Kundenservice ist dies keine Seltenheit, es ist von vorneweg nie absehbar in welchen Emotionen Kunden auf Sie zukommen.

Wenn Sie als Verkäufer nun das Verhalten des aggressiven Käufers spiegeln, gelten Sie als aggressiver Verkäufer. Ein Streit wäre als Außenstehender sichtlich erkennbar. Personen um Sie herum könnten das sehen und der Ruf Ihres Elektrogeschäfts wäre nicht nur durch das defekte Produkt, sondern auch durch Ihre emotionale Reaktion geschädigt.

Ganz anders wäre hingegen das Ergebnis, wenn Sie trotz der Wutreaktion Ihres Käufers gelassen reagieren und sich Zeit für dessen Problem nehmen. Es gilt, dem verärgerten Kunden zu zuhören, dabei herauszufinden was der Grund für dessen Unmut ist und anschließend mittels Wortwahl und Stimme und der Aufgabe lösungsorientiert zu helfen, den Kunden zu beruhigen.

In der Psychologie gibt es eine Feststellung, die besagt, dass bei zwei Personen mit unterschiedlichen Gefühlszuständen der mental Stärkere den Gefühlszustand des mental Schwächeren annimmt. Seien Sie deshalb der mental Stärkere, indem Sie beruhigend auf Ihren aufgebrachten Kunden einreden, sich Zeit für sein Anliegen nehmen und voll und ganz im Moment bei ihm sind. Das sind die ersten Schritte zum Start der Lösungsfindung.

Beruhigen Sie den wütenden Kunden, fragen Sie wie er das Gerät angeschlossen hat und wo er den Defekt bemerkt hat. Möglicherweise lässt sich die Problemursache nach wenigen Antworten direkt klären – eventuell hat der Käufer das Gerät mit einem falschen Kabel angeschlossen oder nicht gemäß der Bedienungsanleitung betrieben.

Wenn Sie dem Käufer das Produkt vor Augen in wenigen Minuten erklären, dabei Freundlichkeit und Gelassenheit ausstrahlen, egal wie sehr der Kunde eventuell noch weiterhin aufgebracht ist und versuchen so viel zu helfen wie Sie können, verlässt der Kunde vielleicht immer noch äußerlich verärgert, aber innerlich zufrieden mit einem funktionierenden Gerät Ihr Geschäft.

Wenn außenstehende Personen dies beobachten, sehen sie nun keine rufschädigende Konfliktsituation mehr, sondern ein lösungsorientiertes, klärendes Supportgespräch. Mit einer Entschuldigung, sofern ein eigener Fehler vorliegt, lässt sich oft wieder gesund weiterarbeiten.
Stellen Sie sich das eben beschriebene Szenario erneut vor, diesmal aber mit Ihnen in der Käuferrolle. Sie haben das Elektrogerät gekauft, es funktionierte nicht und Sie bringen es verärgert zum Laden zurück.
Wann fühlen Sie sich wohler, wenn Ihr Verkäufer sich von Ihren Emotionen leiten lässt und ebenfalls aggressiv zurück reagiert oder Sie zunächst beruhigt und gelassen eine Lösung anbietet, Ihr Produkt einschickt und Ihnen ein kostenloses Austauschgerät mitgibt?
Egal in welchem Fall wir uns befinden – Freundlichkeit, Sympathie und Hilfsbereitschaft gewinnen immer.
Ein zahlender Kunde erhält verständnisvoll Hilfe und bleibt im besten Fall weiterhin ein zahlender Kunde, der durch die zuvorkommende, freundliche und hilfsbereite Bearbeitung sogar begeistert wird und diese Begeisterung weitererzählt (in Form guter Kundenrezensionen oder positive Mund-zu-Mund Propaganda).
Sie selbst lassen sich nicht stressen und beschwören keinen Konflikt herauf.
Stattdessen sorgen Sie durch Ihre eigenen Handlungen und Reaktionen dafür, dass sich die Wahrscheinlichkeit für die Kundenzufriedenheit Ihres Geschäfts trotz einer Beschwerde erhöht.

Wenn Sie freundlich und hilfsbereit sein können, dann seien Sie es. Stellen Sie sich einfach vor, welchen Ärger Ihr Kunde im Moment der Beschwerde wohl gerade hat, welchem Druck er möglicherweise durch Vorgesetzte, Zeitmangel, etc. ausgesetzt ist und welche Informationen er unbedingt benötigt.
Sind Sie sich dieser Punkte bewusst, können Sie automatisch viel unpersönlicher, gelassener, freundlicher und lösungsorientiert handeln.
Stellen Sie die richtigen Fragen, erfragen Sie das Problem detailliert und legen Sie alle Ihnen verfügbaren Hebel in Bewegung, um dem Kunden zu helfen.
Womöglich sind dabei Rücksprachen mit weiteren Personen, Termine, etc. möglich, aber Sie sollten stetig versuchen, dem Kunden das zu liefern, was er zur Problemlösung benötigt.
Geholfene Kunden sind zufriedene Kunden und zufriedene Kunden sind zahlende Kunden.

4 Seien Sie im Moment

Im Moment sein bedeutet sich voll und ganz auf eine Sache zu konzentrieren.

Um freundlich und lösungsorientiert einem Kunden in einer Konfliktsituation helfen zu können, ist es wichtig, dass Sie sich komplett auf dessen Anliegen konzentrieren und sich dabei nicht ablenken lassen.

Multitasking ist wissenschaftlich erwiesen nicht so effektiv, wie Tätigkeiten Schritt für Schritt zu erledigen.

Sobald Sie sich ablenken lassen, werden Sie aus Ihrer aktuellen Arbeit herausgerissen und müssen sich später erneut hineindenken.

Dabei vergessen Sie eventuell Details, Notizen oder Termine, die anschließend mit einem Mehraufwand wieder geregelt werden müssen.

Im Moment sein bedeutet vor allem, sich während der Kommunikation mit dem Kunden, egal in welcher Form, nicht ablenken zu lassen.

Im Moment sein bedeutet zudem die richtigen Fragen zu stellen, um dem Kunden schnell Abhilfe bieten zu können und dabei freundlich und sympathisch zu sein.

Es bringt nichts, wenn Sie mit einem Kunden stundenlang ein Problem diskutieren und dabei womöglich noch Fingerpointing betreiben, wer die Schuld trägt.

Konzentrieren Sie sich stattdessen auf eine Lösungsfindung.

Da Ihre Zeit kostbar ist, sollten die klärenden Themeninhalte des Kundengesprächs innerhalb des stattfindenden Gesprächs so detailliert und effektiv wie möglich geklärt werden. Am besten ist es für beide Parteien, also Sie und den Kunden, wenn der Kunde kein zweites Mal anrufen oder vorbeischauen muss, sondern sofort die Lösung zu seinem Problem erhält, die er benötigt.

Schalten Sie wenn nötig Ihre umliegenden Mobilgeräte aus oder stellen Sie diese auf lautlos.

Wenn es vorab möglich ist, erstellen Sie zum Planen einen Termin sowie eine Agenda für das anstehende Kundengespräch.

Ist die Lösungsfindung im ersten Kontakt nicht möglich, dann fertigen Sie Notizen des Gesprächs an, leiten Sie die weiteren To-Do´s ein und holen Sie sich falls erforderlich externe Abteilungen zur Hilfe hinzu.

Egal ob es sich bei der Art der Kundenkommunikation um ein Telefonat, ein Gespräch, oder eine E-Mail handelt, seien Sie bei jeder Art von Kundenkommunikation im Moment und fokussieren Sie sich auf freundliche und lösungsorientierte Kundenbetreuung.

Achten Sie am besten auf die Tipps in den drei Kapiteln zum Umgang in Konfliktgesprächen, Telefonaten und E-Mails und prägen Sie sich diese Vorgehensweisen durch wiederholtes Doing ein.

Als Richtlinie kann sich während der Kundenkommunikation auf die Beantwortung der 7 W-Fragen berufen werden, zum Beispiel:

1) Wer (hat etwas getan, benötigt die Information)
2) Was (hat er denn getan, ist geschehen)
3) Wo (hat er es getan, ist es passiert)
4) Wann (hat er es getan, hat sich der Vorgang ereignet)

5) Wie (hat er es getan, wurde der Defekt bemerkt)
6) Warum (hat er es getan, möchten Sie die Untersuchung)
7) Woher (ist die Information)

Selbstverständlich muss je nach Art des Kundengesprächs anders vorgegangen werden. Ein Beratungsgespräch läuft anders ab als ein Verkaufsgespräch und das läuft wiederum anders ab als ein Beschwerdevorgang.

Aber in allen Arten des Kundengesprächs gilt: Seien Sie auf freundliche und hilfsbereite Weise voll und ganz beim Kunden. Zeigen Sie sich empathisch und versetzen Sie sich in seine Lage. Lassen Sie ihn ausreden und entschuldigen Sie sich wenn nötig. Wenn Sie dazu noch die richtigen Fragen stellen und stets lösungsorientiert dem Kunden zur Seite stehen, sollte das ausreichen um vollständig im Moment zu sein.

Vergessen Sie dabei auch Ihr eigenes Hauptziel im Umgang mit Kunden nicht: Einen zahlenden Bestandskunden, freundlich und lösungsorientiert zufrieden zu stellen.

5 Handeln Sie lösungsorientiert

Vor allem Kunden, die in After-Sales-Anliegen oder der Konzipierung von Neuprodukten auf Sie zukommen, haben in der Regel eine Frage- oder Problemstellung.

Diese fachkompetent zu beantworten, ist in den entsprechenden Situationen Ihre Aufgabe.

Falls Sie Unterstützung von externen Abteilungen benötigen, sollten Sie firmenintern soweit Schnittstellenvereinbarungen haben, dass dieser Support gewährleistet wird.

Beispiel:

Stellen Sie sich vor, Ihr Unternehmen ist ein ambitionierter Hersteller von Elektromotoren. Einer Ihrer Kunden benötigt eine technische Auslegung für einen Elektromotor für seine Applikation und bittet Sie, seine Berechnung gegenzuprüfen.

Dazu kontaktiert er Ihren Kundenservice per Telefon auf der im Internet angegeben Service-Hotline.

Sie als kompetenter Servicemitarbeiter nehmen den Hörer ab und tätigen das Telefonat. Doch was ist, wenn die technische Auslegung einige Fragen und Unklarheiten aufwirft, die Sie aus dem Stehgreif nicht beantworten können?

Dann sollten Sie sich alle Unklarheiten und Prioritäten des Kunden notieren, eine Gesprächsnotiz anfertigen und diese an die Konstruktions- und Entwicklungsabteilung weiterleiten.

Im Grunde sollten in allen externen Abteilungen, sei es Konstruktion, Entwicklung, Qualitätssicherung, Vertrieb, Versand, etc. konkrete Ansprechpartner verfügbar sein die Sie kontaktieren können.

Des Weiteren sollten die Mitarbeiter ohne direkten Kundenkontakt auf die Tätigkeiten und die Bedeutung des Kundenservice geschult werden (vor allem hinsichtlich Bedeutung von Bestandskunden und Kundenzufriedenheit).
Leiten Sie Rückfragen von Kunden an externe Abteilungen weiter, sollten Sie konkrete Priorisierungen und Deadlines angeben, zum Beispiel die Dringlichkeit oder den Termin, bis wann die Rückinfo erfolgt sein muss.
Um lösungsorientierte Hilfe leisten zu können, sollten Sie während des Kundenkontakts zum einen das konkrete Kundenanliegen samt aller benötigten Details und Besonderheiten erfragen und zum anderen alle erhaltenen Daten notieren und sammeln.
Nachfolgend sind einige Beispielfragen, die die lösungsorientierte Kundenkommunikation erleichtern können, aufgelistet.

- Was ist das genaue Problem, können Sie es genau beschreiben?
- Sind weitere Details bekannt?
- Wie dringlich ist das Anliegen?
- Welche Daten benötigen Sie von uns?
- Wann benötigen Sie Rückinfo?
- Haben Sie weitere Fragen?

Die richtigen Fragen zu stellen ist eine Kunst für sich, die Sie nach und nach und von Servicefall zu Servicefall immer besser beherrschen werden. Je nach Produkt, Dienstleistung und Art des Kundenanliegens sind andere Fragen erforderlich. Als übergeordnete Leitfrage kann aber immer folgende Frage dienlich sein: „Wie kann ich dem Kunden am besten helfen?“.

6 Freundlichkeit und Sympathie gewinnen immer

Selbstverständlich sind Sie ein Mensch und kein Roboter. Ganz bestimmt sind Sie mit Ihren Gedanken auch manchmal bei der nächsten Pause, dem Fußballspiel im Fernsehen heute Abend, den Erledigungen auf Ihrer To-Do Liste, Ihrer Familie, uvm.

Das ist ganz normal.

Zufriedene Menschen sind glückliche Menschen. Dies zeigen Sie auch Ihren Kunden unbewusst.

Je zufriedener Sie deshalb sind, desto besser können Sie in der Kundenbetreuung Kunden freundlich und hilfsbereit begegnen, ohne sich selbst verstellen zu müssen.

Gekünstelte Freundlichkeit und aufgesetzte Hilfsbereitschaft erzielen nicht vollständig das gewünschte Ergebnis, da vorgespielte Emotionen unterbewusst fast immer bemerkt werden.

Vielleicht kennen Sie es von sich selbst bei Dingen, die Sie gerne tun, die Ihnen Spaß machen und die Sie in Ihrer Komfortzone tun. Sie werden auf natürliche Weise Freundlichkeit ausstrahlen, was von Außenstehenden Personen wiederum als sympathisch interpretiert wird.

Da im Kundenservice allerdings häufiger Konfliktsituationen bei Beschwerden und Reklamationen herrschen und generell der Grundtenor auf der Arbeit stressiger ist als Zuhause, muss hier präventiv vorgegangen werden.

Als Ausweg empfehlen sich deshalb zwei Optionen.

Option 1:

Ist der Kundentermin planbar, dann nehmen Sie sich vor Beginn 10 bis 15 Minuten Vorbereitungszeit und tun Sie Dinge, die Sie in einen gemütlichen und entspannten Zustand versetzen. Hören Sie beispielsweise Ihre Lieblingsmusik, sprechen Sie mit einem Kollegen, trinken und essen Sie etwas, legen Sie Ihre Pause vor den Termin so dass Sie entspannt sind, laufen Sie eine Runde an der frischen Luft, gehen Sie kurz in die Sonne, tun Sie etwas das Ihnen Spaß macht.

Sie werden an sich selbst beobachten können, dass Sie dadurch ruhiger und gelassener in das mögliche Konfliktgespräch gehen.

Ein Bonustipp hierzu: Erstellen Sie sich eine Liste mit Dingen die Ihnen auf Anhieb Spaß machen, bzw. in Ihnen urplötzlich einen glücklichen Zustand hervorrufen und nehmen Sie sich diejenigen heraus, die Sie binnen weniger Minuten an Ihrem Arbeitsplatz problemlos tun können.

Dadurch werden Sie auf Knopfdruck in einen gedanklich positiveren State entgleiten.

Dabei kann es sich beispielsweise um Ihr Lieblingslied, ein schönes Bild, eine tolle Erinnerung, ein kurzer Spaziergang, ein leckeres Essen, uvm. handeln.

Option 2:

Ist der Kundentermin spontan, zum Beispiel in Form eines Anrufs oder eines plötzlich erscheinenden Kunden, dann ist es in der Regel nicht möglich sich eine kurze Vorbereitungszeit zu nehmen.

In diesem Fall gilt: Übung macht den Meister. Je öfter Sie derartige Konfliktgespräche spontan führen, desto routinierter werden Sie, bis Sie irgendwann denken „keine Panik, nichts Neues, nur wieder ein aufgebrachter Kunde, das kriegen wir hin…“.
Selbstverständlich können Sie sich das auch bereits in Ihren Anfängen in der Kundenbetreuung einreden.
Sobald Sie diesen Zustand durch stetiges Üben der zwei Hauptaufgaben, freundlich und lösungsorientiert den Kunden zufrieden stellen zu wollen, egal wie dessen emotionaler Zustand ist, beherrschen, werden Sie merken, dass diese Grundlagen das A und O sind.
Sie werden blitzschnell in diesen Helfersyndromezustand kommen und möglicherweise wird es Ihnen sogar Spaß bereiten, Kunden helfen zu können.
Spätestens wenn Sie durch das Bewahren von Ruhe und Gelassenheit Kunden nach dem Gespräch oder Telefonat helfen konnten und diese glücklich und zufriedengestellt Ihren Laden verlassen, haben Sie diesen Zustand erreicht.
Hinterlässt der Kunde anschließend eine positive Kundenbewertung oder bedankt sich bei Ihnen persönlich aufgrund Ihres erbrachten Services, wird Ihnen vermutlich ein Lächeln entgleiten. Dann haben Sie alles richtiggemacht.
In der Kommunikation via E-Mail-Verkehr ist das Vorgehen identisch. Schreiben Sie keine emotionalen, vorwurfsvollen oder herablassenden Sätze, die falsch interpretiert werden können, sondern beschränken Sie sich auf rationales, lösungsorientiertes Helfen. Bedanken Sie sich stets

für die kundenseitige Mithilfe und bauen Sie in der Begrüßung und dem Abschiedsgruß freundliche Bemerkungen ein.

7 Bewahren Sie Ruhe: Beschwerden niemals persönlich nehmen

Sie sollten Kundenbeschwerden niemals persönlich nehmen.
Zum einen weil der Kunde möglicherweise unter Druck von seinen Vorgesetzten steht, in Lieferverzug gerät, Mehrarbeit durch die Reklamation hat, oder sonstigen Stress erfährt.
Zum anderen, weil der Kunde, außer es ist ein Privatkunde oder der Chef des Unternehmens selbst, ebenfalls nur ein Spieler auf dem wirtschaftlichen Schachbrett ist. Solange der Kunde kein Privatkunde oder der Chef des Unternehmens ist, bezahlt nicht er Sie, sondern sein Unternehmen. Dementsprechend ist auch er nur ein Unternehmensvertreter, der seinen Job macht.
Genau deswegen sollten Sie die negativen Emotionen die er Ihnen mit seiner Beschwerde womöglich entgegenbringt, nicht persönlich nehmen.
Egal wie provokant, herablassend oder gar aggressiv die Reaktionen des Kunden sind mit denen er Ihnen begegnet, all das sollten Sie ausblenden und den Kunden wieder auf die richtige Bahn bringen: Einen zahlenden Bestandskunden behalten, der Ihnen womöglich mit guten Kundenbewertungen den Ruf poliert.
Falls ein Kunde dennoch dauerhaft aggressiv reagiert, nicht zu beruhigen ist und wieder und wieder sehr aggressiv auf Sie zu kommt, sollten Sie sich an Ihren eigenen Vorgesetzten wenden und abklären, ob jener Kunde wie in Gebot 1

beschrieben, ein zahlender Kunde ist, der zum eigenen Unternehmen passt.
In diesem Fall nehmen Sie die Beschwerde nicht persönlich, sondern entscheiden rational, wie sinnvoll eine solche Zusammenarbeit überhaupt ist.
Achtung: Derartige Entscheidungen müssen wohl überlegt sein und situationsabhängig entschieden werden!

8 Sinnvoller Einsatz der vorhandenen Kommunikationsinstrumente

In den Kapiteln zu den möglichen Kommunikationsinstrumenten wurden bereits ausführlich die Unterschiede sowie Pro und Contras für das persönliche Gespräch, das Telefonat und die E-Mail erläutert.
Wann und wie sich welche Kommunikationsmethode am besten eignet wird im Folgenden noch einmal zusammengefasst.

Chancen und Risiken des persönlichen Gesprächs:

Pro	Contra
+ Direkte Reaktion auf das Anliegen und Verhalten des Gegenüber möglich	-Personen müssen zur selben Zeit am selben Ort sein und dieselbe Sprache sprechen
+ Vollumfängliche Gesprächsführung: Gestik, Mimik, Sprache, Wortwahl, Tonfall spielen mit ein	-Möglicherweise lässt sich die mental schwächere Person einschüchtern oder beeinflussen und unter Druck setzen
+ Diskrete und vertrauliche Themen können besprochen werden	-Keine Beweisführung möglich, wenn das Gespräch nicht aufgezeichnet wird
+ Offenere und direktere Gesprächsführung möglich, es kann „Tacheles" geredet werden	-Möglicherweise längere Vor- und Nachbereitung erforderlich
+ Mitunter schnellere Lösungsfindung möglich, da	

schneller erklärt werden kann wo das Problem liegt – Missverständnisse und Fehlinterpretationen können schneller aus dem Weg geräumt werden	
+ Die Umgebung lässt sich beeinflussen: z.B. Trinken/Kaffee anbieten, Materialien und Unterlagen wie Bilder, Videos, Zeichnungen etc. sind vorzeigbar	

<u>Chancen und Risiken des Telefonats:</u>

Pro	Contra
+ Größere Entfernungen sind möglich, Personen müssen nicht am selben Ort sein	-Personen müssen zur selben Zeit erreichbar sein Vorsicht: Zeitverschiebung (USA, China, etc.)
+ Persönliche Gesprächsführung möglich, trotz Entfernung. Auf die Haltung des Gegenübers kann direkt reagiert werden und dadurch die Gesamtsituation besser aufgefasst werden.	-Möglicherweise lässt sich die mental schwächere Person einschüchtern oder beeinflussen und unter Druck setzen
+ Schnelle Problemschilderung und	-Keine Beweisführung möglich, wenn das Gespräch

Darlegung der Dringlichkeit ist möglich	nicht aufgezeichnet wird
+ Relativ offene und direkte Gesprächsführung möglich (allerdings Vorsicht falls weitere Personen im Hintergrund mithören)	-Meistens ist ein Telefonanruf eine sehr spontane Angelegenheit, deshalb ist hierbei Vorsicht geboten: Nicht unter Druck setzen lassen und lieber zu wenig als zu viel sagen. Gespräche oder E-Mails können im Nachgang immer geführt werden
+ Neben Sprache und Wortwahl kann mit der Stimmlage und dem Tonfall gespielt werden	
+ Gespräch kann aufgezeichnet werden, wenn die teilnehmenden Personen damit einverstanden sind	

Chancen und Risiken von E-Mails:

Pro	Contra
+ Unabhängig von Ort und Zeit, E-Mails können von überall und jederzeit gesendet werden	-Fehlinterpretation des Geschriebenen möglich
+ Informationen können detailliert beschrieben und mit Anhängen, Links, Bildern,	-E-Mails können sehr einfach an unzählige Personen weitergleitet

etc. versehen werden	werden
+ Unsicherheiten in Gestik, Mimik, Betonung, etc. fallen weg – nur Wort- und Schriftwahl sind von Bedeutung	-Es ist oft unklar ob und wann die E-Mail gelesen wurde
+ E-Mails können mit mehr Vorbereitung bearbeitet werden, dadurch können Sprachbarrieren leichter überwunden werden	-E-Mails werden in der Regel zeitverzögert beantwortet (außer direkte Chats). Bei hohen Dringlichkeiten ist ein Telefonat besser
+ E-Mails können mit zusätzlichen Informationen geschmückt werden, wie z.B. Rückfragen bei externen Abteilungen als Weiterleitung	-E-Mails können archiviert werden und sind anschließend noch jahrelang einsehbar, deshalb ist Vorsicht geboten welche Informationen verteilt werden und was in welcher Form geschrieben wird

Je nach Situation, Dringlichkeit, Teilnehmern, Entfernung, Sprache, etc. sollte abgewogen werden, welches Kommunikationsmedium am besten geeignet ist.
Bestehen zwischen den teilnehmenden Personen größere Sprachbarrieren oder große globale Entfernungen, sind E-Mails vermutlich besser als persönliche Gespräche. Haben Sie beispielsweise eine Reklamation eines chinesischen Endkunden ist sowohl die Entfernung nach China als auch die

Sprache ein Hindernis für ein persönliches Gespräch.
Je nach Dringlichkeit und zu teilender Informationen, sollte hierbei zum Telefonat oder der E-Mail ausgewichen werden. Wobei beim Telefonat zusätzlich auf die bestehenden lokalen Zeitunterschiede geachtet werden müssen.
Anders ist es wenn ein Kunde aus 20km Entfernung ein Problem hat. Für ihn ist es weniger ein Problem, kurzfristig zu einem persönlichen Gespräch zu erscheinen und alle notwendigen Unterlagen für die Problemdarstellung mitzubringen.
Hierbei kann in einem persönlichen Gespräch sehr schnell und effektiv die Lösungsfindung direkt vor Ort besprochen werden.
Im Grunde gilt es bei der Wahl des richtigen Kommunikationsinstrumentes also darauf zu achten, ob Wort- und Sprachbarrieren bestehen, wie groß die Entfernung der teilnehmenden Personen ist und welche, möglicherweise brisanten, Informationen geteilt werden sollen.
Anschließend kann das optimal zur Situation passende Kommunikationsmedium ausgewählt werden.

9 Begeistern Sie mit Überraschungen

Stellen Sie sich vor, wie Sie sich als Kind gefreut haben, wenn Ihre Mutter vom Einkaufen zurückkam und ein Überraschungs-Ei oder ein Comic als Überraschung mitgebracht hatte.
Sie ahnten die großzügige Tat nicht und deshalb war sogar eine Kleinigkeit eine riesen Freude.
Im Grunde geht es im Kundenservice genauso. Kleine, unvorhergesehene Taten in Form von Bonusgeschenken, zusätzlicher Hilfe oder sonstige besondere Aufmerksamkeiten können für die Kundenzufriedenheit Wunder bewirken und Ihren guten Ruf deutlich steigern.
In Reklamations- und Beschwerdefällen sollte generell von vornerein sehr kulant vorgegangen werden.
Auf der einen Seite, weil der Kunde verärgert ist und schnelle Abhilfe in Form eines funktionierenden Produktes/Dienstleistung benötigt und zum anderen, um bei Ihnen selbst möglicherweise bestehende Qualitätsmängel aufzudecken, die schnellstmöglich beseitigt werden müssen.
Lieber legen Sie bei einer Reklamation finanziell gesehen etwas drauf und reduzieren Ihren Gewinn, als dass Sie einen Bestandskunden verlieren, der gute Umsätze erzielt aber aufgrund Ihrer zu starren Haltung zu einem freundlicheren Mitbewerber abwandert.
Oft lohnt es sich, mehr zu bieten als der Kunde fordert.
Verlangt der Kunde beispielsweise eine Eilreparatur in Folge eines Maschinenausfalls, können Sie kulant

vorgehen und den Eilzuschlag für Eilversand reduzieren. Bei Kundenrückfragen können Sie sich etwas mehr Zeit nehmen und fragen, ob sonstige Fragen oder Anliegen bestehen.
Kleine Extras reichen dabei völlig aus, um einen bleibenden, positiven Eindruck zu hinterlassen, z.B. gratis eBook in Bestellbestätigungsmail, hilfreiche Broschüre im Paket, extra Produktsamples im Paket, Möglichkeit zum Live-Chat auf der Homepage, uvm.
Für Sie bedeutet es kein Hals- und Beinbruch, wenn Sie in Pakete ein Kugelschreiber umsonst oder zu Weihnachten kleine Schokolädchen mit hinzufügen.
Im Gegenteil, Sie können darauf Werbung anbringen und weitere Publicity betreiben.
Der gute Ruf Ihres Unternehmens ist in Zeiten von Produktbewertungen, Vergleichsportalen und Reviews im Internet essentiell.

10 Kundenservice stetig weiter optimieren

Um langfristig den bestmöglichen Kundenservice bieten zu können, ist eine stetige Optimierung der Kundenservice-Abteilung wichtig.

Neben hochwertigen Arbeitsmitteln, Schnittstellen zu externen Abteilungen und Eskalationsmodellen ist die Mitarbeiterqualifikation von großer Bedeutung.

Um die Mitarbeiterqualifikation der Kundenservice-Mitarbeiter kontinuierlich aufrecht zu erhalten und zu steigern sind folgende Leitlinien zu empfehlen:

- Schon bei der Einstellung sollten die erforderlichen Skills umfassend definiert und im Bewerbungsschreiben klar formuliert sein. Entsprechend sollten potenzielle Kundenservice-Mitarbeiter eine herausragende Teamfähigkeit besitzen, lösungsorientiertes und analytisches Denkvermögen besitzen, kurzfristig und flexibel reagieren können, Fremdsprachenkenntnisse aufweisen (zumindest gutes Englisch), Sympathie und Freundlichkeit ausstrahlen können und keine Scheu vor Telefonaten und Menschen haben.
- Für die bestehenden Mitarbeiter sollten zur stetigen Optimierung Schulungsmöglichkeiten intern und extern angeboten und auch wahrgenommen werden. Zum einen um intern im Unternehmen auf dem aktuellsten Stand der Geschehnisse zu sein und zum anderen um auch von extern Ratschläge und Vorgehensweisen einzuholen.
- Um den Kundenservice im Kompletten zu optimieren sollten monatlich und jährlich die

in Kapitel 2.7 beschriebenen Kundenzufriedenheitsumfragen und Auswertungen durchgeführt werden. So kann relativ kurzfristig auf Veränderungen und Trends reagiert werden, was in einer exzellenten Kundenbetreuung unabdingbar ist.

- Als Bonus können Sie bei Kunden, auch wenn alles gut läuft, immer mal wieder Rückfragen einwerfen ob alles gut ist oder ob es hier und da Probleme gibt. Zeigen Sie stets dezente Aufmerksamkeit und Overdelivery, auch wenn es nicht notwendig wäre.

Schlusswort

After-Sales Kundenservice dient dem Zweck die nicht (vollständig) erfüllte Erwartungen des Kunden an ein Produkt oder eine Dienstleistung wiederherzustellen oder sogar zu übertreffen. Die beschriebenen Methoden können allesamt in den verschiedensten Szenarien im After-Sales Kundenkontakt je nach Situation eingesetzt werden.

Mit Fingerspitzengefühl und Augenmaß dienen sie dazu, die richtigen Entscheidungen im Kundenservice zu treffen, um das Hauptziel im Kundenservice zu erreichen, zufriedene Kunden.

Auf die Frage was genau nun „die Magie der Kundenzufriedenheit" ist, so ist es im Grunde sehr einfach: Auf stets freundlich Art und Weise, immer mit lösungsorientierter Herangehensweise versuchen die Erwartungen des Kunden nachträglich zu erfüllen. Je besser das klappt, desto eher etabliert sich Ihr guter Ruf, Ihre Produkt-/Dienstleistungsqualität steigt durch das Finden und Lösen von Optimierungspotential und Ihre zufriedenen Kunden werden es Ihnen mit gestärktem Vertrauen in Zukunft danken.

Zum Abschluss sind noch zwei private Szenarien aus der umgekehrten Sicht des Kunden geschildert.

Anhang

Umgekehrte Psychologie: Wie man am besten eine Anfrage an einen After-Sales Service stellt

Aus Mitarbeitersicht im Kundenservice ist bedeutsam Kunden freundlich, kompetent und reaktionsschnell zu umsorgen.

Das funktioniert am besten, wenn der Kundenservice Mitarbeiter nicht unnötig gestresst wird, z.B. durch emotionale Angriffe, Hektik, Drohungen o.ä.

Aus der Praxis kenne ich beide Seiten: Die des Kundenservice und die des Kunden. Aus meinem Privatleben folgen zum Abschluss noch zwei private Geschichten, die verdeutlichen, wie man als Kunde gut mit Kundenservice umgeht um am Ende aus dem Übel doch noch profitieren zu können.

<u>Szenario 1: Glastisch per Onlineversand</u>

In einem renommierten Onlineversandhandel habe ich meinen aktuellen Schreibtisch bestellt, einen Glastisch, bestellt. Er wurde per Spedition geliefert und kam in bruchsicher verpackten Einzelteilen auf einer Palette mit Spanngurten befestigt an.

Ich fing das Grundgestell zu montieren und nach knapp der Hälfte des Aufbaus konnte ich eine Gewindeschraube nicht in die dafür vorgesehene Gewindebohrung montieren. Das Gewinde war nicht geschnitten, lediglich das Bohrloch war vorhanden. Da das Gestell bereits ohne diese eine Schraube hielt, war ich zwar kurz verärgert aber konnte über das kleine Übel hinwegsehen. Kurze Zeit später, als das Grundgestell fast fertig montiert war, wollte ich

eine weitere Schraube anbringen. Doch dieses Mal fehlte die dafür vorgesehene Bohrung komplett.
Leicht wütend machte ich Bilder von den beiden Fehlern und sendete sie an den Kundenservice des Tischherstellers. Dieser meldete sich relativ zügig und bot an, dass ich den Tisch zurücksenden soll. Ich entgegnete, dass das etwas schwierig wird, da ich keine Palette samt Spanngurten zuhause habe. Eine Abholung wäre zwar möglich gewesen, die der Verkäufer zwar auch getragen hätte, aber ich hatte den Tisch bereits montiert und die beiden nicht befestigten Schrauben waren nicht funktionsrelevant. Trotzdem war ich über die Qualitätsmängel verärgert.
Freundlich schilderte ich dem Kundenservice mein Problem und zeigte die Bilder. Am Ende einigten wir uns auf eine Teilgutschrift als Entschädigung.
Fazit: Auch, wenn der Tisch am Ende funktionierte, waren die Qualitätsmängel ärgerlich. Statt einer negativen Produktbewertung, habe ich dem Verkäufer die Mängel geschildert. So kann er Verbesserungen in die Wege leiten und ich habe als Wiedergutmachung eine Gutschrift erhalten. Tipp von mir: In derartigen Fällen lohnt es sich immer, mit dem Kundenservice zu verhandeln, denn der Kundenservice hat meist viel Spielraum hinsichtlich Kulanzmaßnahmen.

Szenario 2: Rabattcode bei Matratzenbestellung

Aufgrund eines Umzuges habe ich nach einer neuen Matratze gesucht. Auf Empfehlung eines guten Freundes, der erst kurz zuvor selbst eine neue

Matratze gekauft hatte, besuchte ich die Internetseite des Verkäufers.
Zu diesem Zeitpunkt wurde auf der Internetseite des Herstellers ein Osterrabatt mit einem Timer beworben. Der Timer schilderte, dass der Rabattcode noch 1h und 30min einlösbar ist.
Ich dachte mir zur richtigen Zeit am richtigen Ort zu sein und legte die ausgewählte Matratze in den Online-Warenkorb. Anschließend gab ich den Rabattcode ein und klickte auf Code anwenden. Doch anstatt 10% zu gewähren, zeigte die Anzeige „Code nicht gültig". Ich las noch einmal den Timer auf der Internetseite der nach wie vor anzeigte, dass der Rabattcode noch über 1h eingelöst werden kann. Also versuchte ich noch mehrmals das Einlösen des Codes und wechselte sogar den Internetbrowser.
Als der Code nach mehreren Versuchen nicht funktionierte und ich ausschließen konnte, dass ich einen Eingabefehler machte, erzeugte ich einen Screenshot der Seite und schrieb den Kundenservice an.
Prompt erhielt ich eine standardisierte E-Mail, die den Erhalt der Serviceanfrage bestätigte, aber noch keine persönliche Rückmeldung.
Am nächsten Morgen hatte ich dann eine weitere E-Mail im Postfach. Hierbei handelte es sich aber immer noch nicht um eine persönliche Rückmeldung, sondern um eine Bewertungsanfrage mit der Bitte den Servicefall zu bewerten.
Leicht verärgert, aber mit dem Hintergedanken, dass dies ein Systemfehler sein könnte antworte ich auf diese E-Mail, dass ich erst bewerten kann, wenn der Fall bearbeitet wurde. Einige Stunden später erhielt

ich dann endlich eine persönliche Rückmeldung, die allerdings sehr knapp, ungefähr wie folgt, ausfiel:

„Hallo Philipp, vielen Dank für Deine Nachricht. Ich entschuldige mich für die Unannehmlichkeiten! Die Rabattaktion ist leider vorbei somit gibt es keinen Rabattcode mehr. Aber du kannst gerne unseren Newsletter abonnieren somit wirst Du die nächste Rabattaktion mit Sicherheit nicht verpassen! Ich hoffe ich konnte dir weiterhelfen und wünsche Dir noch einen schönen Tag."

Mit einer solchen Antwort hatte ich absolut nicht gerechnet. Der Kundenservice reagierte zwar freundlich, aber die Antwort klang sehr gleichgültig, als wäre ich an diesem Tag bereits der zehnte Kunde mit dieser Frage und es wurden keinerlei Anstanden gemacht mir zu helfen (Rabattcode senden) oder auf Fehlersuche zu gehen (warum der Code trotz Timer nicht funktionierte). Stattdessen wurde ein Newsletter-Abo angeboten, was in meinen Augen sehr dreist war.
Ich antworte dem Kundenservice, dass ich absolut unzufrieden mit dieser Antwort bin und zeigte Ihnen auf, dass sie hier eine 100% Verkaufschance liegen gelassen, einen Kunden verärgert und vielleicht sogar einen Systemfehler im Bezahlvorgang unbemerkt gelassen haben.
Als Antwort erhielt ich dann kurze Zeit später eine Entschuldigung und die Möglichkeit im Falle einer Bestellung doch noch 10% gutgeschrieben zu bekommen.

Da in dieser Situation das Helfersyndrom in mir entfacht wurde und ich zu dieser Zeit bereits im privaten Umfeld selbstständigen Freuden half ihr After-Sales zu optimieren, dachte ich, ich kontaktiere den CEO des Matratzenherstellers und zeige ihm das vorhandene Optimierungspotential. Schließlich spielten der erwartete Eindruck der Verkaufsseite im Internet und der erhaltene Service des After-Sales nicht in derselben Liga.
Der Chef des Unternehmens meldete sich tatsächlich, erkannte die Problematik und schilderte den Grund für den unzureichenden Service: ein extern engagiertes Callcenter für Customer Service. Ich nannte ihm einige Optimierungsvorschläge, die er direkt an den Abteilungsleiter für Kundenservice weiterleitete und bedankte sich belohnend für die Unterstützung. Am Ende erhielt ich die Matratze mit Rabatt und weiteren Kulanzgesten.

Fazit: Freundlicher und lösungsorientierter Kundenservice können sehr einfach sein und mit kleinen Kulanzleistungen verfeinert werden. Der Kunde wird es Ihnen danken und das wird sich in den Kundenbewertungen bzw. der Kundenzufriedenheit wiederspiegeln.

Literaturverzeichnis

[1] Definition Kundendienst, http://wirtschaftslexikon.gabler.de/Definition/kundendienst.html, 2017, Einsichtnahme: 17.06.2019

[2] Definition Kundenzufriedenheit, http://wirtschaftslexikon.gabler.de/Definition/kundenzufriedenheit.html, 2017, Einsichtnahme: 17.06.2020

[3] Werner, K. (2008): publications.katrin-werner.com/magisterarbeit-lamm.pdf, Einsichtnahme: 22.06.2019

[4] Abbildung Kano-Modell, https://axel-schroeder.de/wp-content/uploads/2012/02/Kano-Modell.jpg, Einsichtnahme: 23.06.2019

[5] Garantie und Gewährleistung, http://ausbildung-online-lernen.de/gewaehrleistung-garantie-kulanz/, Einsichtnahme: 23.06.2019

[6] Helmke S., Uebel, M., Dangelmaier, W., (2008): Effektives Customer Relationship Management, 4. Auflage, Gabler-Verlag, Wiesbaden

[7] Anthony R., (2004): Das Robbins Power Prinzip, 16. Auflage, Allegria / Ullstein Buchverlage, Berlin

[8] DISG-Modell, https://www.disg-modell.de/, 2020, Einsichtnahme: 19.04.2020

Haftungsausschluss

Die Umsetzung aller enthaltenen Informationen, Anleitungen und Strategien dieses E-Books erfolgt auf eigenes Risiko. Für etwaige Schäden jeglicher Art kann der Autor aus keinem Rechtsgrund eine Haftung übernehmen. Für Schäden materieller oder ideeller Art, die durch die Nutzung oder Nichtnutzung der Informationen bzw. durch die Nutzung fehlerhafter und/oder unvollständiger Informationen verursacht wurden, sind Haftungsansprüche gegen den Autor grundsätzlich ausgeschlossen. Ausgeschlossen sind daher auch jegliche Rechts- und Schadensersatzansprüche. Dieses Werk wurde mit größter Sorgfalt nach bestem Wissen und Gewissen erarbeitet und niedergeschrieben. Für die Aktualität, Vollständigkeit und Qualität der Informationen übernimmt der Autor jedoch keinerlei Gewähr. Auch können Druckfehler und Falschinformationen nicht vollständig ausgeschlossen werden. Für fehlerhafte Angaben vom Autor kann keine juristische Verantwortung sowie Haftung in irgendeiner Form übernommen werden.

Urheberrecht

Impressum

Kontakt: info@die-magie-der-kundenzufriedenheit.de
Covergestaltung: mariamabid

Printed in Poland
by Amazon Fulfillment
Poland Sp. z o.o., Wrocław

39359634R00087